철학
의
사생활

철학
의
사생활

오가와 히토시 지음
박진열 옮김

라|르|고

서문

즐겁게 철학을 연습하자

“철학이란 무엇인가?” 내가 자주 받는 질문이다. 철학은 어렵다고 한다. 그도 그럴 것이 철학은 전공자가 아닌 이상 배울 기회가 많지 않다. 대학에서 일반 교양 과목으로 철학을 선택하는 사람도 있지만 그 내용이 다양하고 어려워서 중간에 그만두는 학생도 부지기수다.

철학은 한 마디로 말하면 ‘사물의 본질을 탐구하는 학문’이라고 정의할 수도 있다. 모든 것을 비판적으로 의심하고 상상을 더하여 논리적으로 재구성하는 것이다. 이것이 철학이다. 그렇기에 먼저 질문을 하지 않으면 안 된다.

역사상 위대한 철학자들 모두 사물의 본질을 알기 위해 많은 질문을 해왔다. 자연이란 무엇인가에서부터 사랑과 자유처럼 추상적인 문제, 그리고 전쟁과 자본주의같이 구체적인 문제까지. 그리고 그 개념들에 대해 긍정하고 혹은 부정하기도 하며 새롭게 제안하는 과정을 거쳐왔다.

세상에는 다양한 문제가 있다. 그중에는 간단히 답할 수 없는 게 많다. 오랜 시간을 고민해도 좀처럼 해답을 찾을 수 없는 문제들이다. 이 책은 누구나 한 번쯤은 고민해본 다양한 문제를 예로 들면서 '사고의 훈련'을 목적으로 한다.

각 장마다 간단한 사례를 들어 놓았다. 여러분이 먼저 그 문제에 대해 잠시 생각해보기를 권한다. 그 문제에 대해 어떤 답을 도출할 수 있을 것인가? 그 후에 본문에 서술된 글을 읽으면 참고가 될 것이다.

본문의 구성은 각 장의 주제에 따라 철학적 개념을 해설하고 그에 따른 해답을 예시했다. 독자의 편의를 위해 모든 장은 구성을 통일했으며 사실 어느 장부터 읽어도 무리가 없다. 각자 궁금한 주제부터 펼쳐 읽어도 좋을 것이다.

철학적 개념에 대해서는 각각 철학자 49명을 들어 49개의 개념을 설명했다. 위대한 철학자들이 풀어 놓은 개념은 수많은 고민과 대화 끝에 이뤄진 성과라고 말할 수 있다. 사물의 본질을 탐구한 후 얻은 결과인 것이다. 이는 철학 훈련을 하기 위한 훌륭한 도구가 된다.

49개의 개념은 문제 해결을 위해 가장 적합하다고 판단해서 적용했다. 데카르트나 헤겔 같은 위대한 철학자들은 모든 문제에 도전하여 그들 나름의 답을 제시했다고 말할 수 있다. 그렇기 때문에 이들의 개념만 가지고도 모든 질문에 답을 구할 수도 있을 것이다. 하지만 문제를 푸는 것에 주안점을 두지 않고 어떤 개념을 사용해야 최선일지 궁리하며 책을 구성했다.

더불어 독자 여러분에게 가능한 다양한 철학자를 소개하고 싶었다. 이 책으로 만족하지 못하는 분은 좀 더 깊이 있는 책을 읽기를 권한다. 그런 의미에서 이 책은 '사고의 훈련'을 목적으로 함과 동시에 철학을 위한 입문서 성격을 띤다.

현대 사회는 변화무쌍하며 불확실한 것들에 둘러싸여 있다. 여러분도 날마다 실감하고 있으리라 생각한다. 모든 것이 변하고 있고 시시각각 새로운 대안이 제시되고 있다. 그런 점에서 이 책에서 제시한 문제에 대한 해답은 저자인 나의 생각일 뿐이다. 절대적인 해답은 존재하지 않는다. 여러분 또한 자신만의 해답을 찾아보면 좋겠다.

이 책은 해답을 주는 책이 아니다. 해답을 찾기 위한 과정을 알려주는 책으로 이해한다면 좋겠다. 그 과정을 통해 철학과 가까워져서 사물의 본질을 즐겁게 고민해보길 바란다.

오가와 히토시(小川仁志)

차례

01

Q 왜 나이가 들면 시간이 빨리 지나가는 것처럼 느껴질까?

: :

A 베르그송의 <순수 지속>으로 풀다

12월의 어느 날, 초등학생인 시야카는 아빠에게 말한다. “아직도 12월이야. 올해는 참 잘 안 가는 것 같아.” 그러자 아빠는 놀란 표정으로 대꾸한다. “눈 깜짝할 사이에 12월이 온 것 같은데.” 두 사람은 서로 고개를 갸웃거린다.

어린 시절에는 시간이 무한한 것처럼 느껴졌다. 한 달 남짓한 여름 방학 동안 세계 일주도 할 수 있을 것 같다는 착각에 빠지기도 하고 때론 긴 시간을 감당하지 못해 따분한 일상을 보내기도 하는 것이다. 하지만 지금은 어떤가. 나이가 드니 방심하는 사이 순식간에 연말연시를 맞이하게 된다. 대체 이 차이는 무엇일까.

나이가 들면 시간의 흐름은 빠르게 느껴진다. 심리학에서는 '자네의 법칙(Janet's Law)'이라고 부르는데, 사람이 느끼는 시간의 길이는 사람의 나이에 반비례한다는 것이다. 같은 1시간이라도 나이가 많을수록 더 짧게 느껴진다. 아마도 나이가 들고 경험이 많아질수록 좀처럼 감동을 하기 어려워지기에 시간이 후다닥 지나가는 것처럼 느끼는 것은 아닐까. 실제 시간의 길이는 절대 변할 리 없으니까 말이다. 어쨌든 우리가 1시간의 흐름을 서로 다르게 인지하는 건 사실이다. 병상 위에서 1시간을 보내는 것과 예능 프로그램이 방영되는 텔레비전 앞에서 1시간을 보내는 것은 물론 다른 것이다.

원래 시간이라는 것은 생활의 편의를 위해 인간이 발명한 약속에 지나지 않는다. 아무리 객관적이더라도 늘 절대적일 수는 없다. 프랑스의 철학자 앙리 베르그송(1859~1941)은 〈순수 지속〉이라는 개념을 통해 시간의 이러한 속성을 설득력 있게 논하고 있다. 일반적으로 시간은 시계열(時系列)을 이용해 양적으로 측정할 수 있다. 1초, 1분, 1시간이라는 식으로 말이다. 그럴 때 시간은 인간의 외부에 있는 것으로 분할이 가능하다. 하지만 베르그송은 시간을 인간의 내면에서 발생한다고 말한다. 인간의 마음속에 시간이 존재하기에 시간을 분할하는 게 간단치 않다고 말이다.

그러니까 시간을 구성하는 순간순간은 개별적이지만 실은 우리 마음속에서 서로 연결되어 있으며 또 일부분은 전체를 투영하기도 한다는 것이다. 멜로디처럼 말이다. 멜로디는 새로운 음이 추가되면 흐름 전체가 바뀌기도 한다. 하지만 우리는 이러한 시간의 성질을 무시한 채, 숫자와 단위로만 지각하는 우를 범하고 있는 것이다.

시간의 개념을 다르게 정립하면 과거도 단순히 지나간 시간이 아니다. 과거는 기억하는 순간 되살아나는 것이다. 이런 경우 기억은 머릿속에 잠들어 있다가 호출되는 것이 아니라 과거에 그대로 존재하고 있을 뿐이다. 현재, 과거, 미래라는 시간의 구분조차 무력화된다.

시간을 다르게 대하면 인생 역시 달라진다. 시간을 어떻게 의식하느냐에 따라 시간은 변화무쌍해지기 때문이다. 모든 것에 감동하며 하루하루 지낸다면 충만감에 휩싸여 살아갈 수 있다. 나이를 떠나 순수하게 일을 즐길 줄 아는 사람은 아마도 소년처럼 보일 것이다. 나도 때로 소년의 눈을 지녔다는 말을 들은 적도 있다. 과거를 후회할 일도 없다. 과거는 되돌릴 수 없는 게 아니라 지금 여기의 사건이기 때문이다. 시간에 얽매이지 않는다면 좋은 일이 많이 생길 것이다. 여러분도 누군가 만들어 놓은 시계를 버리고 자유를 누리면 좋겠다.

02

Q 인간은 어디까지 현명해질 수 있을까?

: :

A 헤겔의 <절대지(絶對知)>로 풀다

2045년, 대학시험장에는 인간과 함께 로봇도 앉아 있다. 게이코는 긴장한 모습이 역력하다. 옆에 앉아 있는 로봇을 슬쩍 쳐다보다가 도로 시험에 집중한다. 이제 시험장에서도 취업 시장에서도 로봇이 인간의 라이벌로 등장하게 된 것이다. 인간인 우리는 로봇과의 경쟁에서 이길 수 있을까?

인공 지능(AI)은 세계적인 화두가 되었다. 글자 그대로 인공 지능은 스스로 생각하는 힘을 가진 컴퓨터다. 로봇에 탑재되어 인간처럼 자발적으로 생각하고 행동할 수 있게 된 것이다. 인공 지능은 이미 체스와 바둑의 최고수를 물리치기도 했다. 대학 시험 문제를 풀기도 하고 직장 내에서 동료로서 함께 일하기도 한다. 어쩌면 가까운 시일 내에 인공 지능의 성능이 더 향상되어 로봇은 직장 상사나 경영자가 될지도 모른다. 그렇게 되면 우리는 인공 지능 로봇 밑에서 일하게 되는 셈이다. 인공 지능이 인간 지능을 넘어서는 기점을 기술적 특이점(Technological Singularity)라고 부르는데, 혹자는 그 시점을 2045년으로 예상하고 있다. 하지만 이는 인간이 더 이상 진화하지 않는다는 것을 전제로 한 것이다. 앞으로 어떻게 될지는 예측하기 힘들다. 인공 지능이 따라오지 못할 정도로 인간이 더 현명해질지도.

그렇다면, 우리는 어디까지 현명해질 수 있을까? 인간의 앎〔知〕을 한없이 신뢰했던 근대 철학의 완성자, 헤겔(1770~1831)의 〈절대지〉 개념을 참조해서 생각해보려 한다. 그는 의식의 여행을 통해 다양한 경험을 축적하면 인간이 신과 같은 절대지의 상태에 도달할 수 있다고 말했다. 그 여행의 구체적인 과정을 살펴보자.

먼저 의식 단계이다. 이는 지의 가장 낮은 단계로 분

류된다. 왜냐하면 대상만이 진리이므로 이때 자신의 의식은 대상을 일방적으로 바라보는 것에 지나지 않기 때문이다. 하지만 실제로 받아들인 객관적 진리는 자기 자신을 통해 주관적인 것으로 변화한다. 그렇게 되면 다음 단계인 자기의식으로 나아가는 것이다.

자기의식에 이르러서는 스스로가 진리를 증명하기 위해서 대상이 필요하다는 것을 알게 된다. 이 경험을 통해 자기의식은 스스로와 대상의 의식을 통일체로 만들어 이성의 단계로 발전하게 된다.

여기부터는 이성이 세계의 본질이라는 말을 스스로 증명해가는 과정이 남았다. 자연적 세계와 마찬가지로 역사적 세계에서도 이성은 가장 본질적인 것이다. 이성은 세계와 교류하며 승화해나간다. 그렇게 되면 이윽고 여행의 끝이자 〈절대지〉의 대단원에 도달하는데, 신의 본성이 진정 인간의 자기 본성과 같다고 인식하는 것이다.

마침내는 신의 개념으로서 파악하는 것에 이르는 자신의 의식. 이것이야말로 모든 것을 꿰뚫어보는 절대지일지 모른다. 헤겔은 인간의 정신이 절대적인 위치에 오를 수 있다고 드높게 선언한 것이다.

확실히 인간은 무한한 가능성을 꽃피워왔다. 토기와 석기를 만들었으며 시간이 지나면서 컴퓨터를 발명했고 세포로 생명을 탄생시켰고 우주여행도 가능케 했다. 인공 지능 역시 인간의 손으로 탄생한 것이 아닌가. 이렇게 되짚어 생각해보면 인간의 앞날은 열려 있는 것 같다. 가속이 붙어 로봇이 발전을 거듭하더라도 인간 역시 그에 상응해 진화하지 않을까? 그렇기에 인간과 로봇이 경쟁만 하는 세계는 나타나지 않을 것이다. 어떤 미래가 펼쳐질지는 우리 인간의 손에 달려 있다. 인간이 현명함을 시험받는 때이다.

03

Q 사람은 왜 공부하는 것인가?

::

A 소크라테스의 <무지(無知)의 지(知)>로 풀다

엄마는 중학생인 토모오에게 공부하라고 매일 잔소리를 한다. 하지만 토모오는 왜 공부를 해야 하는지 이해할 수가 없다. 학교를 다니면서 공부를 하는 게 학생의 본분이니까 그저 시키는 대로 할 뿐, 공부가 진정 왜 필요한지는 모르겠다. 학교에서도 공부를 하는 이유가 무엇인지 가르쳐주는 수업은 없다. 토모오는 수긍할 수 없는 일에는 노력하지 않는 성격이다. 토모오에게 어떤 말을 들려줘야 할까?

나의 직업은 공부하는 것이다. 물론 시험 공부와 같은 공부는 아니고, 말하자면 연구, 앎에 대한 탐구가 나의 직업이다. 공부에 대해서 뭐라고 확실히 정의하기는 어려운데, 우선 공부라는 게 무엇인지 곰곰이 생각해보기로 하자. 일반적으로 공부란 지식을 머릿속에 집어넣고 생각하여 내 것으로 만드는 것이라 할 수 있다. 물론 암기라는 것도 이 과정을 따르기 때문에 공부라고 할 수도 있을 것이다. 하지만 암기가 곧 내 것이 되지는 않으므로 온전히 공부라고 말하기 어렵다.

그에 반해 곰곰이 생각한다는 건 공부라고 말할 수 있을 것이다. 생각을 하려면 먼저 인지해야 하고, 사고의 결과를 도출하기 위해서는 사고의 과정이 필수적이다. 사고의 과정은 내 피와 살이 되는 것이다. 영어 단어 하나만 생각해봐도 알 수 있다. 나는 다시 영어 공부를 시작했는데 단어장으로 공부하진 않는다. 왜냐하면 비효율적이기 때문이다. 맥락에 대한 이해 없이 그저 기계처럼 많은 단어를 외우고 떠올린다고 머릿속에 남는 건 아니다. 그저 단기 기억으로만 남아서 바로 사라진다면 나의 것이 되었다고 볼 수는 없는 것이다.

그럼 어떻게 하는 것이 좋을까. 사고하는 게 좋다. 단어 하나를 떠올릴 때도, 그 단어의 어원과 용례를 잘 음미하며 생각해보는 것이다. 그러면 쉽게 기억할 수 있다. 이러한 태도는 공부를 위한 동기 부여에도 영향을 준다. 암기만 하는 공부는 재미가 없지만 의미를 생각하는 공부는 재미있기 때문이다. 어떤 것이든 그저 표면적으로만 아는 것은 아무 도움이 되지 않는다.

철학의 아버지라 불리는 소크라테스(B.C.470?~B.C.399)가 〈무지의 지〉라는 개념을 주창한 것도 이런 의미에서의 공부를 전파하기 위함이 아닌가 싶다. 소크라테스는 원래 평범한 중년에 지나지 않았지만 어느 날 친구가 들은 델포이 신전의 계시를 통해 인생이 바뀌었다. "그리스에서 소크라테스만 한 현인은 없다"라는 계시였다. 소크라테스는 그 진위를 확인하기 위해 당시 현자라고 불리던 사람들에게 질문을 하며 돌아다녔다. 그 결과 알게된 건 자신의 질문에 만족할 만한 대답을 할 수 있는 사람이 없다는 것이었다. 그의 생각에 현자라고 불리는 사람들은 아는 척만 하고 있을 뿐이었다. 반면 소크라테스는 자신이 알지 못함을 자각하기에 새로운 것을 알게 되거나 생각하게 될 기회를 얻을 수 있었다. 이것이 무지의 지가 의미하는 것이다.

아는 척하게 되는 순간, 사고 정지의 함정에 빠지며 더 이상 공부를 하지 않으려 한다. 하지만 모르는 것에 겸허하면 더 알고 싶다는 생각 덕에 공부에 매진하는 것이다. 그리고 표면만 아는 것으로는 현학적으로 빠지기 쉽기에 우리는 더 깊숙이 이해해야 한다. 〈무지의 지〉의 태도는 단순히 지식을 늘리는 것이 아니라 생각하는 습관을 몸에 익히는 것이다. 소크라테스가 처음 확립했다고 알려진 철학은 영어로 'Philosophy'인데 지(知)를 의미하는 'Sophia'와 사랑한다는 말인 'Philo'의 합성어이다. 철학이란 앎을 지속적으로 사랑한다는 뜻인 셈이다. 결국 우리가 공부를 하는 이유는 출세를 위해서가 아니라 앎을 사랑하기 때문이다. 만물의 의미를 알고 싶으므로 이를 사고하고 내 것으로 만들고 싶기 때문이다.

04

Q 왜 사람을 죽여서는 안 되는가?

: :

A 칸트의 <정언명법(定言命法)>으로 풀다

텔레비전에서 살인 용의자가 체포되었다는 뉴스가 보도되었다. 이를 보고 있던 초등학교 4학년생인 케이스케가 엄마에게 물었다. “엄마, 왜 사람을 죽이면 안 되는 거야?” 엄마는 깜짝 놀라서 아무 대답도 할 수 없었다. 제대로 생각을 해본 적이 없었기 때문이다. 엄마는 한숨을 깊게 쉬고는 “당연한 거니까”라고 한 마디 했다. 케이스케는 고개를 갸웃했다. 케이스케에게 사람을 죽이면 안 된다는 것을 어떻게 논리적으로 설명해야 할까.

한때, "왜 사람을 죽여서는 안 되는가"라는 질문이 미디어에서 화제가 된 적이 있었다. 소년이 던진 이 질문에 어른들은 바로 대답하기 힘들어 했다. 당연한 말이지만 앞에서 이런 질문을 받으면 누구라도 제대로 답하기는 어려울 것이다. "내가 살해당할 수 있을지도 모르기 때문에"라고 대답해도, "왜?"라고 재차 물으면 말문이 막혀버린다. 복잡한 이론을 들먹거리기도 하지만 그다지 설득력은 없다. 사실 이런 질문의 답은 그리 간단치 않다. 등잔 밑이 어두운 것처럼. 하지만 답을 구해보자면 정당한 행동이 아니기 때문이라는 게 정답일 수 있다. 여기서는 독일의 철학자 엠마누엘 칸트(1724~1804)의 사상을 통해 근거를 마련해보고자 한다.

'~하여라'라는 문형처럼, 칸트는 옳은 행위에 대해서는 무조건적인 의무를 요구했다. 그것이 〈정언명법〉이다. 정반대의 태도로, '만약 ~라면, ~하라'와 같이 조건에 따라서 행동이 좌우되는 것이 가언명법이다.

〈정언정법〉은 "의지의 기준은 항상 모두에게 납득될 만한 법칙에 맞는 행위일 것"이라는 형태로 공식화되어 있다. 우리의 행위는 불합리와 모순이 발생하지 않는, 늘 적합한 원칙에 근기해야 한다는 의미다. 도덕은 조건에 의해 변하는 것이 아니기 때문이다. 이를테면 부와 권력의 유무에 따라서도 도덕의 기준이 변해서는 안 된다. 모두 납득할 수 있는 기준에 따라서 행동을 하는 게 무조건 좋은 것이다. 사람을 죽이는 건 안 된다고 모두가 납득한다면 살인을 저질러서는 안 되는 것이다.

단, 여기에도 문제가 있다. 설령 모두가 납득했더라도 그 납득의 기준이 과연 옳은지는 별개의 문제라는 점이다. 모두 옳다고 생각하는 것이 반드시 또 옳지는 않은 것일 수 있다. 과격파 조직 IS처럼 살인조차 허용하는 집단이 있듯이. 그렇게 되면 살인도 정당한 것이 된다. 그렇다면 과연 절대적으로 옳은 기준은 없는 것일까?

칸트는 있다고 말한다. 모든 사람의 인격 안에 있는 인간성을 수단으로서 다루지 말라는 것. 즉 인간성을 수단이 아닌 목적으로 한다는 것은 인간 존재 자체를 존중하라는 의미다. 행위의 도덕적 근거를 인간의 존엄성에서 찾아야 한다는 것이다. 그 기준에 따르면 인간을 죽이는 것은 인간성을 존중하지 않는 것이므로 옳지 않다.

이렇게 당연한 것이 답하기 어려운 질문으로 되어버린 사회는 어딘가 문제가 있다고도 할 수 있다. 사람을 죽여서는 안 되는 이유를 묻는 어린이. 이에 대해 제대로 답할 수 없는 어른. 양 측에서 문제가 있다. 이는 어쩌면 생명과 삶의 가치가 희미해져버린 탓이라고 말할 수도 있을 것이다.

풍요와 평화는 마음에 안녕을 가져다주지만 중요한

것들을 잊게 한다. 수도꼭지를 돌리면 바로 물이 펑펑 나오는 나라에서 물의 소중함을 못 느끼는 것처럼. 우리는 풍요와 평화를 얻기 위해 따랐을 수많은 고통에 시선을 돌려볼 필요가 있다. 물이 나오는 걸 당연한 것으로 생각해서는 안 된다. 왜 수도꼭지를 잠그지 않으면 안 되는지도 스스로 질문해볼 만하다.

05

Q 이웃과의 교제는 필요한가?

: :

A 샌델의 <공동체주의>로 풀다

코우지와 카나는 결혼을 한 후 새 아파트로 입주했다. 아파트 자치회에서는 여러 행사나 모임에 코우지와 카나를 초대했고 적극적인 주민 활동을 권유했다. 코우지는 주민 활동에 대해 그리 내키지 않아 소극적으로 임하는 반면에 카나는 이웃과 사이좋게 지내며 공동체 활동에 매번 열심히 참여한다. 당신은 코우지와 카나 중 어떤 유형의 사람인가?

현대 사회에서는 이웃과 교류가 적다. 그 이유 중 하나는 가치관이 변했기 때문일 것이다. 개인화된 라이프 스타일과 가치관으로 인해 이웃과 교류하는 게 불편하고 껄끄럽다. 이웃집이나 지역에 문제가 발생하면 모른 척하기 어렵고 자치 회비 같은 것도 사용처를 일일이 따져봐야 하는데 이런 일들은 귀찮아 굳이 끼어들고 싶지 않은 일이다. 이웃과 교류를 끝내면 해결될 일인 것이다. 하지만 그렇게 할 수는 없는 게 현실이다. 이웃과의 교류는 필요한가? 〈공동체주의〉 사상을 참고해서 생각해보자.

〈공동체주의〉는 영어로 'Communitarianism'이다. 공동체주의를 주장하는 사람들은 1980년대에 미국을 휩쓴 자유주의를 비판했다. 자유주의와 공동체주의가 대립각을 세운 것이다. 공동체주의자가 자유주의자를 비판하는 이유는 두 가지로 집약할 수 있다. 첫째는 자유주의에서 '개인'의 개념은 역사와 전통 그리고 공동체와 완전히 분리된 개별화된 개인을 뜻한다는 점이다. 이른바 '짊어질 것이 없는 개인'을 전제로 하고 있다는 것이다. 다른 한 가지는 절차적 정당성을 우선시하여 도덕과 선에 대한 논의를 방치하고 있다는 점이다. 이 점들을 종합해보자면 공동체주의는 개인과 개인이 속한 공동체의 상호 관계성을 매개로 도덕과 선에 대한 논의를 행하는 사상이라고 말할 수 있다.

미국의 철학자 마이클 샌델(1953~)에 따르면 우리는 자신이 속한 공동체와 깊은 관계를 맺고 있는 존재다. 그러므로 공동체에 대해서도 애착을 갖고 있으며, 공동체의 구성원에 의해 이루어진 공통선(共通善)을 중시한다. 요컨대 〈공동체주의〉는 공동체에서 공통선을 최고의 가치로 생각하는 입장이라는 것이다.

여기서 주의 깊게 살펴볼 점은 아무리 공동체의 공통선에 가치를 둔다고 해도 결코 개인의 자유를 배제하지는 않는다는 점이다. 그런 의미에서 공동체주의는 전체주의와 다르다. 공동체주의는 결코 자유주의에 반하는 입장을 취하지는 않으며 다만 공동체의 공통선과 개인의 자유 중 전자에 좀 더 방점을 찍는 것뿐이다.

이에 따라 나타날 우리 사회의 모습과 요구되는 윤리관은 달라진다. 공동체주의에서 이웃과의 교류는 불가결한 요소다. 그러므로 이웃과 교류하며 공통선을 확인하고 실현해나갈 필요가 있다. 실제로 공통선을 지키려는 노력과 행동도 필요하다. 우리는 혼자 살 수 없다. 불가피하게 우리는 타인과 연결되어 있으며 때론 공동체 속에서 예상치 못한 혜택을 얻기도 한다. 하지만 상황이 좋지만은 않은 것 같다. 점점 이웃과의 관계가 허물어지며 갈등이 생겨나고 있는 까닭이다.

06

Q 3D프린터의 한계는?

: :

A 벤야민의 <아우라(Aura)>로 풀다

3D프린터로 만들었는데 실물보다도 질이 좋은 피규어가 있다. 그리고 그보다는 질이 떨어지지만 장난감 회사에서 만든 실물 피규어가 있다. 3D프린터 피규어는 100엔이고 실물 피규어는 10만 엔이다. 당신은 어떤 것을 구입할 것인가?

매년 새로운 기술이 등장하고 있다. 그중에서도 3D프린터는 21세기에 다시 산업혁명을 불러올 수 있는 기술로 예상되기도 한다. 이제 3D프린터 기술 덕에 복잡한 설계 없이도 간단히 모형 제품을 만들 수 있게 되었다. 이전에는 금형을 만든 후 제작했기 때문에 비용과 시간이 많이 들었던 것이다. 제조업에서 비용과 시간이 줄어든다는 건 그 자체로 혁명적인 일이다.

더군다나 3D프린터는 2차원의 그림을 입체적으로 만들어내 놀라움과 즐거움을 준다. 어린아이뿐 아니라 어른들이 볼 때도 마법과도 같은 일이 일어난 것이다. 응용할 수 있는 영역도 넓다. 실제로 의료 분야에서는 깁스와 의수(義手), 심지어 인공 장기(臟器)까지도 제작하고 있다. 소재도 계속 진화하고 있어서 3D프린터로 모든 것을 만들 수 있는 때가 도래할지도 모른다.

그렇다면 3D프린터 기술은 어디까지 진화할 수 있을까. 독일의 철학자 발터 벤야민(1892~1940)의 〈아우라〉라는 개념을 참고해보자. 원래 아우라란 종교적 아이콘인 불상이나 예수 그리스도의 그림 뒤로 그려진 후광을 일컫는 말이다. 어떤 것에 가까이 다가가기 어려운 분위기를 나타낸다. 벤야민은 아우라에 대해서 "가까이 있더라도, 먼 것의 일회적 현현"이라고 표현했다. 즉 예술에는 예술품 그 자체로 표현될 수밖에 없는 일회적 사실이 존재하기에 의미가 있다는 것인데, 복제 기술이 발달하면서 예술이 달라지고 있음을 지적한 것이다. 누군가 고흐의 작품을 완벽하게 복제하여 똑같이 그렸다고 해도 그것은 예술품으로서의 가치가 없다. 다시 말해 아우라가 없는 것이다. 단, 벤야민은 복제품이 다른 가치를 지니고 있다고 말했다. 그러니까 복제품을 통해서 우리가 예술품을 용이하게 즐길 수 있는 것. 복제품은 예술의 대중화에 기여한 것이다.

그렇다면 왜 사람은 〈아우라〉를 찾고자 하는 것일까. 일회성이라는 희귀함 때문이다. 두 번 다시 맛볼 수 없다는 사실은 우리가 살아가고 있는 이 순간을 실감케 한다. 사람은 아우라를 통해서 살아가고 있다는 느낌을 얻을 수 있는 것이다.

3D프린터는 복제 기술의 최첨단이다. 벤야민의 말처럼 원본의 대중화에 크게 기여하고 있음에 틀림없다. 하지만 아우라가 없는 것 또한 사실이다. 일회성이 결여되어 있으므로 한계가 있다고 말할 수 있을 것이다.

3D프린터가 아무리 마법과 같은 도구라고 하더라도 실물을 만드는 것은 불가능하다. 이는 안타깝지만 다행스러운 일이다. 실물을 완전히 똑같이 다시 만들 수 없다는 것은 실물의 가치를 잃지 않게 한다는 것과 같은 말이다. 손쉽게 사물을 복제할 수 있다면 그 가치는 떨어져버

릴 것이기 때문이다. 그리고 누군가가 선물을 하기 위해 만든 물건은 아무리 소재와 형태가 흔한 것일지라도 세계에서 단 하나밖에 존재하지 않는 것이다. 그렇기에 귀중한 것이다. 거기에는 추억도 담겨 있기 때문이다. 3D프린터는 추억까지 복제하지는 못한다. 결국 아무리 많이 생겨나도 그 물건의 본성은 복제할 수는 없다. 아무리 하찮은 물건이라도 나름대로 중요한 의미가 담겨 있을지 모르는 일이다.

07

Q 어째서 스토커가 되는가?

: :

A 플라톤의 <에로스(Eros)>로 풀다

히로시는 침울해하고 있다. 아르바이트 동료인 카즈야는 그 모습에 조금 걱정이 되었다. “요즘 무슨 일 있어?” 카즈야가 묻자 히로시는 이렇게 대답했다. “좋아하는 사람이 생겨서 그 사람한테 항상 보고 있었다고 고백을 했더니 스토커 아니냐고 했어.” 카즈야는 그 말을 듣고 고민하게 되었다. 좋아해서 쫓아다니는 것과 스토커는 어떻게 다른가? 히로시는 스토커인가?

뉴스에서 스토킹 사건은 심심치 않게 등장한다. 그 정도로 실생활에서 자주 발생한다는 뜻이다. 스토커는 무엇인가? 한 마디로 줄곧 따라다니는 행위다. 특히 일방적인 사랑이 원인이 되어 상대방을 괴롭히는 것을 말한다. 짝사랑을 하는데 상대방이 응하지 않을 때 집요하게 쫓아다니는 것이다. 혹은 이별한 상대에게 미련이 남아서 일부러 못된 짓을 계속하는 경우도 많다. 가장 심각한 경우는 살인이다. 짝사랑이 원인이 되어서 상대방을 죽이는 행위까지 이르는 것이다. 더군다나 상대방뿐 아니라 그의 가족까지 해코지하는 사례도 있다.

이런 행위는 자기 파괴와 같은 것인데 어째서 스토커가 되어버리는가? 사실 이상한 사람만 스토커가 되는 게 아니다. 평범한 사람도 스토커가 될 가능성이 있다. 짝사랑을 안 해본 사람은 없을 것이다. 짝사랑은 스토커와 종이 한 장 차이일 수 있다. 짝사랑을 할 때는 주위에 아무것도 보이지 않는다. 맹목적이다. 뭔가에 홀린 듯 상대방에게 필사적으로 달려드는 것이다. 메일을 보내고 전화를 걸고 때로는 무작정 기다리기도 한다. 아마도 한번쯤은 다 경험해봤을 것이다. 그러면 이는 스토커와 어디가 다른가? 내가 괴롭히는 건 아니라고 생각하지만 상대방은 싫어하고 있을지도 모르는 일이다.

문제는 이런 행위가 인간의 본질이라는 것이다. 그리

스의 철학자 플라톤(B.C.428?~B.C.347?)의 〈에로스〉는 이를 쉽게 설명해주는 개념이다. 에로스란 사랑의 에너지와 같은 것이다. 플라톤은 사물의 본질에는 이데아라는 이상적인 상태가 존재한다고 했다. 그 이상적인 상태를 구하고자 한 생각이 에로스다. 에로스는 순수한 사랑이라고 할 수 있다.

왜 인간은 이상을 추구하는 걸까. 자신에게 결여되어 있는 것을 충족시키기 위해서다. 그러므로 완벽한 사람을 제외하고는 누구나 〈에로스〉를 원하게 되는 것이다. 플라톤의 저서 『향연』은 다양한 이야기를 통해 사랑의 본질을 전하고 있는데 안드로규노스 신화도 그중 하나다. 얼굴이 둘, 팔다리가 넷인 괴물 안드로규노스는 절대적인 힘을 지니고 있었다. 하지만 그 힘을 나쁜 곳에만 사용했기 때문에 신에 의해서 둘로 갈라지게 된다. 떨어진 두 몸은 서로를 그리워하며 되찾기를 바랐지만 불가능했다. 이것이 합(合)을 갈망하는 남녀의 시작이라는 것이다. 나와 여러분 모두는 불완전한 안드로규노스의 한 쪽인 것이다.

플라톤은 인간이 궁극적으로 죽음을 맞을 수밖에 없는 존재이므로 영원한 이상을 추구하는 것이라고 말한다. 그 정열이야말로 에로스인 것이다. 죽지 않는 사람은 없기에 모두가 〈에로스〉를 갖고 있다. 인간은 에로스를 갖고 있어 스토커가 될 수밖에 없다. 하지만 스토커 범죄를 긍정하려는 것은 아니다. 내가 말하고 싶은 것은 스토커가 결코 남의 일은 아니라는 점이다. 이를 염두해서 사랑을 쌓아갈 필요가 있다는 것이다. 늘 자신을 객관적으로 바라보지 않으면 안 된다. 스토커가 될지도 모를 일이니. 플라톤이 말했듯 에로스의 목적은 이상의 실현이다. 하지만 상대방을 곤란하게 하면서까지 이상을 실현하는 건 문제다. 이상은 상대방도 행복해지는 것이다. 히로시가 스토커가 되느냐 아니냐는 이에 달려 있다.

08

Q 왜 거울을 보는 걸까?

: :

A 메를로 퐁티의 <양의성(兩義性)>으로 풀다

에미는 자주 거울을 본다. 그래서인지 친구들은 에미에게 나르시시즘에 빠진 것 같다고 놀린다. 하지만 오히려 그녀는 스스로에 대한 자신감이 부족하다. 거울을 보며 모습을 자꾸 확인하고 싶어하는 것도 그 이유다. 오늘은 괜찮은지 아닌지 보려고 말이다. 여러분은 왜 얼굴을 보는 것인가? 자신의 모습을 사랑해서? 아니면 자신감이 부족하기 때문에?

거울은 무엇인가? 물론 거울은 무언가를 비추는 도구이다. 특히 자신의 눈으로 직접 볼 수 없는 것을 비출 때 사용한다. 그 최적의 대상은 자기 자신이다. 우리들은 자기 자신을 보기 위하여 거울을 사용하는 것이다. 그러면 왜 사람은 자기 자신을 보고 싶어 하는 것일까? 거울이 아니어도 우리는 신체의 일부분을 충분히 볼 수 있다. 하지만 우리는 그것으로는 만족하지 못하며 얼굴과 전신을 보고 싶어 한다. 재미있는 일이다.

나 같은 경우 얼굴에 무언가 묻지는 않았는지 혹은 어떤 표정을 하고 있는지 확인하기 위해 얼굴을 본다. 배가 나오진 않았는지 옷이 잘 맞는지 확인하고 싶을 때 거울을 이용한다. 우리는 거울을 통해 자신의 상태를 확인할 수 있다. 하지만 거울이 없으면 자신의 모습을 알 수가 없다.

내 모습은 내 것이 아니라는 말에 의문을 갖는 사람도 있을지 모른다. 이 문제에 대해서는 프랑스의 철학자 메를로 퐁티(1908~1961)의 신체론을 참조해보자. 메를로 퐁티는 몸을 현상학적으로 연구하여 데카르트적 정신과 물질의 이원론을 뛰어넘으려고 한 인물이다. 즉 몸을 통한 체험을 정신이나 물질을 떠나 '양의적(兩義的)'인 존재 방식이라고 일컬었다. 〈양의성〉은 인간이 몸에 따라 지각하기 때문에 발생한다. 하지만 몸의 일부분을 우리가 영구히 지각하는 것은 불가능하고 또한 일반적으로 자신의 몸을 다른 사물을 보듯이 자유롭게 관찰할 수는 없다. 거울이 필요한 이유다.

더구나 우리 스스로는 몸을 바라보지 못할 뿐 아니라 몸의 활동을 완벽히 인지할 수 없다. 즉 지각에서 무의식으로, 바꿔 말하면 비인칭적(非人称的) 행위로 우리의 몸은 마음대로 움직이고 있다는 것이다. 이러한 몸은 제멋대로 다양한 감각과 운동을 상호 연관시키며 하나의 구조와 의미를 끄집어내는 기능을 한다. 메를로 퐁티는 이를 신체도식(身體図式)이라고 부른다. 몸은 감각과 근육운동으로 바로 변환될 수 있고, 한 감각은 또 다른 감각으로, 한 부위의 근육운동은 또 다른 근육운동으로 일순 변화하거나 교류하는 게 가능하다는 것이다. 우리는 높게 솟구친 공을 쉽게 잡을 수 있다. 이 행위를 로봇에게 시킨다고 가정하면 상당한 양의 프로그래밍이 필요할 것이다. 인간은 생각하지 않고도 할 수 있는 행위인데도 말이다.

여기서 우리는 인간의 몸이 사고와는 별개로 존재하고 움직인다는 걸 알 수 있는데 이 점을 주시할 필요가 있다. 그렇지 않으면 몸에 대해 과신하기 십상이기 때문이다. 제일 나쁜 건 건강을 잃는 경우다. 자신을 건강한 사람이라고 생각했어도 실제 몸은 망가져 있을 수 있다. 그건 외형으로도 알 수 있다. 갑자기 살이 빠진다든지 찐다

든지 혹은 안색이 안좋게 변하는 경우를 통해서 말이다.

그러므로 몸을 나와는 다른 사람의 것이라고 생각하는 게 더 좋을 수도 있다. 거울을 보는 사람은 스스로 자신감 있는 사람처럼 여겨지지만 사실 그렇지 않다. 나르시시즘에 빠져 거울을 보는 사람은 극히 드물고 대부분은 자신감이 없어 자신의 모습을 객관적으로 확인하고 싶어할 따름이다. 나는 이런 게 좋다고 생각한다. 여하튼 몸은 나와는 다른 것이기 때문이다. 하루에 한 번은 거울 앞에서 전신을 자세히 살펴볼 필요가 있다. 가능하면 뒷모습까지 보면 좋다. 이는 몸 건강과 마음 건강을 위해서이기도 하다. 별개의 것이라 해도 마음과 몸은 항상 연결되어 있기 때문이다.

09

Q 왜 사람은 동물원을 만들었을까?

::

A 파스칼의 <생각하는 갈대>로 풀다

미호는 동물원에 갔다. 우리 안에는 여러 동물이 있다. 동물은 이쪽을 보며 소리를 내기도 한다. 하지만 무어라 얘기하는지는 알 수 없다. 그저 상상할 뿐. "안녕?" 하며 인사하는 걸까. 아니면 "뭘 봐!" 하며 으르는 걸까. 그리고, 문득 생각해본다. 미호는 왜 저 우리 속에 들어가 있지 않는 것일까. 여러분은 어째서 동물원 우리 안에 없는 걸까.

동물원을 싫어하는 사람은 아마 거의 없을 것이다. 어린이들은 물론이고 어른들도 동물을 보면 호기심에 들뜬다. 우리에 있는 맹수를 가까운 거리에서 접하면 흥분마저 느낀다. 위험한 동물이 바로 눈앞에 있기 때문이다. 그리고 상상한다. 만약 저 우리가 없다면 어떻게 될 것인가.

어린이들은 동물원을 좋아한다. 동물은 귀여운데 일상에서 쉽게 접할 수 없기 때문이다. 이에 반해 어른들은 일종의 지배욕 때문에 동물원을 좋아하는 것일 수 있다. 만약 정글에서 인간이 맹수를 마주친다면 분명 해를 입을 것이다. 하지만 상황은 반대이며 모든 동물의 최상위 포식자인 맹수를 지배함으로써 인간은 우월감을 느낀다. 이 때문에 어른들은 동물원에서 흥분하는 것이다. 이쪽을 노려보며 사납게 포효하는 우리 안의 호랑이와 사자 앞에서 "할 수 있으면 해봐"라고 중얼거리기도 한다. 사실 이런 감정은 어린이의 마음속에도 잠재하고 있을지 모른다. 겉으로 '귀여워'해도, 속으로는 우리 안과 밖을 구분하고 있다. '가여워'하며 동정하는 마음이 그 증거다.

이처럼 동물원은 인간이 우월감을 느끼게 하는 장소라 해도 과언은 아니다. 왜 인간은 종(種)의 우월감을 느끼고 싶어 할까? 아마 인간의 열등감과 관계가 있을 것이다. 앞서 말했지만 인간은 맹수와 상대가 되지 못한다. 다른 동물들과 비교해도 약한 존재다. 육체적으로도 그렇고 정신적으로도 그렇다. 만약 정글에 혼자 남게 된다면 며칠을 버틸 수 있을까. 육체적인 한계가 오기 전에 정신적으로 먼저 무너지지 않을까. 그런 점에서 인간은 동물은커녕 식물처럼 약한 존재라 할 수 있다. 그 인간의 열등감이 인간 스스로를 의식하게끔 하는 '동물원'을 만든 것이다.

프랑스의 사상가 브레즈 파스칼(1623~1662)이 말한 인간은 〈생각하는 갈대〉가 이를 정확히 표현하고 있다. 갈대는 약한 식물이다. 파스칼은 이렇게 말했다. "인간은 자연에서 제일 약한 한 줄기 갈대에 지나지 않는다. 그러나 인간은 생각하는 갈대다." 인간은 갈대처럼 약한 존재이지만 생각할 수 있다는 점에서 다르다. 생각하는 능력이 있는 한 다른 약점을 충분히 상쇄할 수 있는 것이다. 그렇게 인간은 생각할 수 있는 능력 덕분에 기술을 발전시켰고 다른 동물 위에 군림할 수 있었다.

그런 의미에서 동물원은 인간이 더 이상 자연계에서 약한 존재가 아님을 과시하는 장소인 것이다. 사고(思考)를 통해 다양한 기술을 발전시켜 다른 모든 동물을 우리 안에 가둘 수 있는 인간. 그리고 그 인간이 만능감을 만끽할 수 있는 공간이 동물원인 것이다. 달리 말하면 사고를 게을리하는 순간 인간은 유약함을 드러내 동물의 먹이가 될 수도 있다는 뜻이다. 그 공포는 늘 존재한다. 그렇기에 인간은 동물원에서 스릴을 느끼는 것이다. 특히 사파리

공원처럼 개방형 동물원에서 그 모습은 여실히 드러난다. 그러므로 동물원에서 인간은 스스로를 각성한다. 인간답게 살도록. 동물에게 공격당하지 않도록. 인간이 우리 안에 들어가게 되는 일이 없도록. 높은 지능을 지니게 된 동물에게 쫓기는 인간을 소재로 한 SF 영화가 이 공포심이 발현된 것이라 할 수 있다.

인간은 끊임없이 사고할 필요가 있다. 약한 존재이므로 필연적으로 스스로 생각해서 살아갈 수 있는 방법을 모색해야 한다. 이런 생각을 하며 동물원을 방문해보자. 생각이 머릿속에 가득 찰지도 모르겠다.

10

Q 세계는 무엇으로 만들어졌는가?

: :

A 라이프니치의 <단자론(單子論)>으로 풀다

동화 『헨젤과 그레텔』에서는 과자 집이 등장한다. 동화의 배경이 되는 곳이 마녀의 과자 집이다. 헨젤과 그레텔은 이 집을 먹기도 한다. 과자로 되어 있으니까. 이 책을 접했을 때 가장 신기했던 부분은 역시 집을 과자로 만들었다는 부분이었다. 그렇다면 우리가 사는 이 세계는 무엇으로 만들어졌을까? 이 세계를 구성하는 물질은 무엇인지?

우주에 대한 소식이 자주 들린다. 우주를 두고 어떻게 할 것인지, 그 미래에 대해 설왕설래가 한창이지만 한편으론 우주의 기원에 대해서 많은 연구가 지속되고 있다. 아직까지 인간은 우주의 기원에 대해 모르는 게 너무 많다. 그 말인 즉, 이 세계를 구성하고 있는 물질에 대해 알지 못하는 게 많다는 얘기다.

우주물리학에서는 '힉스 입자'가 화제가 되었다. 힉스 입자는 신의 입자라고 불리는데 우주를 구성하는 물질이라고 알려졌다. 하지만 이것이 정신적인 것까지 설명할 수 있을지는 의문스럽다. 만약 그것이 세계를 구성하고 있는 물질이라면 정신적인 면도 설명할 수 있어야 하지 않을까. 그리고 신에 대해서도.

하지만 이 모든 것을 설명할 수 있는 물질이 존재하기는 할까. 독일의 철학자 고트프리트 라이프니치(1646~1716)는 그 물질을 고안했다. 바로 단자(單子)라고 불리는 물질이다. 〈단자론〉은 모나드(Monad)론이라고도 하는데 모나드는 그리스어인 모나스(Monas, 單一者)에서 유래했다. 라이프니치는 그리스어인 모나스의 개념을 활용해 우주의 조화에 대해 논하고자 했다. 단자란 크기도 형태도 없이 단순하며 불멸의 존재라고 한다. 또한 무언가가 들어가거나 나올 수 있는 출구도 없다. 그래서 라이프니치는 "단자에는 창문이 없다"라고 표현했다. 자연계에서는 동일한 단자가 존재하지 않으며 각각의 단자는 다 다르다. 단자 자체는 백지 상태에서 혼(魂)으로 그리고 정신으로 변화한다. 그렇게 계속해서 형상을 바꿔나간다. 이를 가능케 하는 동력은 욕망이다. '욕망'이라고 하는 동력에 의해 표상에서 표상으로 이행해간다. 그러면서 형태가 변해가는 것이다.

또한 라이프니치는 각 단자가 상호 작용하며 우주를 구성하고 있다고 주장했다. 모든 단자는 우주를 구성하는데 그와 동시에 하나의 단자가 우주 전체를 투영하기도 한다는 것이다. 이로 인해 무한한 변화와 다양성이 발생하고 단자 간에 보편적인 질서와 관계도 성립하게 된다. 즉 하나가 전체를, 전체가 하나를 표상하고 있는 것이다.

물론 단자는 실재하는 물질은 아니다. 어디까지나 라이프니치가 생각해낸 것에 지나지 않는다. 하지만 이론상으로는 세계가 어디서 어떻게 생기게 되었는지 훌륭히 설명해내고 있다. 물질과 정신 그리고 우주도. 심지어 신도. 이 이론이 터무니없다고 생각하는 사람도 있을지 모른다. 왜냐하면 라이프니치는 세상의 모든 것을 설명할 수 있는 물질이 과연 있을지 의문을 던지면서도 단자로 세상의 모든 것을 설명할 수 있다고 답했기 때문이다. 세계가 생겨난 건 틀림없는 사실이지만 어디서 어떻게 생겨난 건지 과학적으로 증명하기가 불가능한 상황에서 취할 수 있는 길은 두 가지다. 하나는 증명을 단념하는 것. 다른 하나는 어떻게든 해보려고 하는 것. 라이프니치는 후자의 길을 선택했다.

이 세상은 부조리하다. 또한 너무 복잡해서 물질 간 관계성을 제대로 이해하기 어렵기도 하다. 그러므로 무언가 설명을 해내고자 하는 노력에는 늘 경의를 표해야 한다. 그런 시도는 사람들을 안심케 하는 동시에 토론의 기회도 제공하기 때문이다.

내가 철학을 공부하는 이유도 마찬가지다. 사람들은 세상의 부조리함과 복잡함 탓에 불안감을 느끼는데, 철학은 사람들 마음에 위안을 주며 앞으로 나아갈 방향을 제시할 수 있다. 철학이 제시한 길이 맞는지 틀린지 아니면 억지스러운지 잘 알 수 없을 때도 많지만 말이다. 만약 틀렸다면 비판을 받아도 좋다. 라이프니치도 자신의 주장 때문에 고초를 겪은 적도 있다고 말했다. 그러나 넓은 안목으로 세상에 도움이 된다고 판단하면 비판 받는 것도 크게 걱정할 일이 아니다.

11

Q 왜 레고는 인기가 있을까?

: :

A 데리다의 <탈구축(脫構築)>으로 풀다

유스케와 히로키는 사소한 논쟁을 벌였다. 유스케는 레고보다는 프라모델이, 히로키는 반대로 프라모델보다는 레고가 훨씬 재밌다고 주장한다. 여러분은 어느 쪽을 더 선호하는가? 둘의 차이점은 무엇일까?

아이의 생일 선물로 오랜만에 레고를 샀다. 나도 어렸을 때 레고를 가지고 논 기억이 있는데, 그러고 보니 레고는 시대를 초월해서 인기를 누리는 장난감인 것 같다. 왜 이렇게 인기가 있는 걸까. 아마도 손으로 무언가를 만들어 내는 즐거움이 있기 때문일 것이다.

그 점에서는 프라모델도 마찬가지다. 하지만 차이점도 있다. 프라모델은 한 번 만들면 그것으로 끝이다. 장식용으로 쓰이는 게 전부다. 하지만 레고는 다시 부숴 낱개로, 그러니까 최초의 형태로 되돌리는 게 가능하다. 그리곤 새로 만들 수 있다. 만드는 도중에도 마음에 들지 않으면 분리해서 다시 제작할 수 있다. 설계도가 이미 결정된 프라모델의 경우에는 불가능한 것이다. 그러므로 레고의 매력은 자유로움에 있다고 말할 수도 있을 것이다. 자세히 살펴보면 레고의 이러한 면모에는 인간의 보편 심리나 사물의 진리 같은 게 숨어 있을지도 모르겠다. 프랑스의 철학자 자크 데리다(1930~2004)의 〈탈구축〉 개념을 활용해보자.

〈탈구축〉이란 처음부터 다시 만드는 걸 의미한다. 데리다는 근대를 비판한다. 데리다가 보기에 근대는 논리적이고 이해 가능한 것, 눈앞에 있는 것만이 중시된다. 문자보다는 목소리, 여성적인 것보다는 남성적인 것을 앞세우고 유럽 외의 지역은 열등하다고 본다. 데리다는 이러한 근대의 태도를 비판했다. 근대가 중시한 가치는 옳지 않을뿐더러 오히려 폭력적이라고 생각했다. 왜냐하면 하나만 논리적으로 옳다는 아집이야말로 차이를 배제했고 남성적인 것을 우위에 놓는 태도가 여성을 억압했으며 유럽중심주의가 식민지 지배와 전쟁을 합리화했기 때문이라는 것이다.

그래서 데리다는 서양 근대 철학 체계의 협소한 태도를 해체하자고 주장한다. 이것이 〈탈구축〉이라는 개념이다. 하이데거의 용어인 해체를 끌어온 것이다. 구조물을 해체하고 다시 구축한다는 의미다. 여기서 포인트는 단순히 해체하는 게 아니라 새롭게 구축한다는 점이다.

레고는 이 개념을 잘 드러내는 예다. 레고는 처음부터 다시 만들 수 있다. 처음부터 만드는 것도 재밌지만 완성한 후에 다시 뿔뿔이 해체하는 것에도 쾌감을 느낄 수 있다. 단순히 붕괴시키는 것에 즐거움을 느끼는 게 아니라 다시 무언가를 만들 수 있다는 기대감을 갖게 되는 것이다. 게다가 진정한 '0'의 상태에서가 아니라 한 번 만들어본 실감을 바탕으로 다시 구축할 수 있는 것이다.

즉, 핵심은 처음 한다는 게 아니라 새롭게 고친다는 것이다. 이것이 탈구축인 것이다. 그러면 자신감도 더 생기고 경험치도 늘어나게 된다. 새로 고칠 때는 같은 실수를 되풀이 하지 않는 법이다. 오히려 실패를 개선하여 보다 좋은 결과를 얻을 수 있는 것이다. 이러한 자신감과 기대가 〈탈구축〉을 돋보이게 한다.

이는 레고에 한정된 이야기가 아니다. 〈탈구축〉의 본질은 모든 분야에 응용이 가능하다. 통상적으로 탈구축은 서양의 근대를 비판하는 데리다의 사상을 이르는 말이지만 문학과 건축에서도 탈구축의 발상은 응용되고 있다. 어느 곳에든 활용해도 좋다. 기존의 형태나 존재 방식을 해체하고 이를 새로운 것으로 변화시키는 것은 사회와 인간의 본질적인 속성이기 때문이다. 우리가 레고에서 매력을 느끼는 것도 그 이유다. 그러므로 우리는 해체하고 다시 만드는 작업을 계속 해나갈 것이다.

12

Q 미신은 정말 믿을 수 없는 것인가?

: :

A 레비 스트로스의 <야생의 사고>로 풀다

유카는 미신을 믿는다. 이 때문에 가끔 조롱의 대상이 되기도 하지만 그녀는 미신에도 나름의 근거가 있다고 말하며 이유 없이 미신을 맹신하는 건 아니라고 주장한다. 여러분은 미신에 대해 어떻게 생각하는지?

나는 다이쇼 시대(다이쇼〔大正〕 일왕의 재임 시기로 1912~1926)에 태어난 조부모님과 함께 살고 있다. 그래서 "그런 행동을 하면 복 달아난다"와 같은 잔소리를 자주 듣는데 조부모님의 말씀은 미신이라는 생각에 비합리적인 것으로 치부하며 그냥 흘려보내기 마련이다. 하지만 정말 그 말씀을 들은 직후 안 좋은 일이 일어나기도 하는 것이다. 그때는 또 "우연이겠지" 하는 생각으로 그다지 신경을 쓰지 않으려 애쓴다.

하지만 세상에는 일반적인 기준으로 설명할 수 없는 일이 흔치 않게 발생한다. 미신이라고 여겨지는 것 중에서도 지혜를 품고 있는 게 있을지 모른다. 예를 들어 나는 1월 1일에 목욕을 하면 복이 달아나니 첫 목욕은 2일에 해야 한다고 들어왔다. 실제로 어른이 될 때까지 1월 1일에 목욕을 한 적은 없었다. 생각해보면, 1월 1일로 해가 바뀌는 날에는 마음이 들떠 술을 마시거나 무리한 행동을 할 가능성이 있기에 바로 목욕을 하는 건 위험할 수도 있을 것이다. 정월에 떡을 먹고 질식사 하는 사람도 있듯 음주 후 장시간 목욕은 생명에 위협을 주기도 하는 법이다. 그런 의미에서 어떤 건 미신이라고 딱 잘라 말할 수도 없다.

사실 몇몇 미신에는 과학적 근거가 있기에 미신을 얕잡아볼 수만은 없다. 미신에 삶의 지혜가 숨어 있을지도 모를 일이다. 이 문제를 생각하기 위해 참고가 될 만한 책이 프랑스의 인류학자인 클로드 레비 스트로스(1908~2009)의 『야생의 사고』다.

레비 스트로스는 미개인의 사고방식을 착안하여 사유를 전개해나갔다. 미개인의 사고는 일반적으로 생각하듯 그렇게 조잡하거나 단순한 것이 아니며 그저 발상의 차원이 다를 뿐이라는 것이다. 예를 들어 동식물을 분류할 때 우리는 구조와 성질에 기준을 두지만 미개인은 토테미즘에 입각하여 외관상 드러나는 생김새의 차이를 통해 동식물을 구분하며 파악한다. 이는 일견 허무맹랑해 보일지라도 우리에게 새로운 시각을 던져줄 수 있는 것이다.

또한 레비 스트로스는 미개인의 지식욕이 더 균형을 이루고 있다고 말한다. 문명사회는 늘 격동적으로 변화를 요구하는 '뜨거운 사회'임에 반해, 미개사회는 거의 변화가 없는 '차가운 사회'라고 지적한다. 차가운 사회에서는 새로운 변화를 굳이 찾지 않더라도 충분히 잘 살아갈 수 있다는 것이다.

그는 그 비결에 대해 '브리콜라주(Bricolage)'라는 개념으로 설명했다. 브리콜라주란 그때그때 그 자리에 있는 소재를 활용해서 작품을 만드는 것을 뜻한다. 프랑스어로 '여러 가지 일에 손대기' 혹은 '수리'라는 사전적 의미를 지닌 말이나. 휴일에 하는 DIY(Do It Yourself) 작업을 생각해 보면 될 것 같다. 사정에 따라 손쉽게 얻을 수 있는 재료를 이용해서 무언가를 만드는 것이 합리적일 수도 있다.

레비 스트로스의 주장은 미개사회의 문명 밖 〈야생의 사고〉가 근대 과학처럼 현명하다는 것을 지적한 점에서 파격적이었다. 물론 그는 근대의 합리적인 과학이 야생적인 사고로 교체되어야 한다고 주장하는 게 아니라 서로 다른 특성을 보유하고 있으므로 둘 다 존중해야 한다고 말하는 것이었다. 그런 의미에서 미신을 무조건 배제하는 것도 비합리적인 것 같다. 미신에는 조상들의 지혜가 담겨 있으므로 잘 인식하고 활용하면 도움이 될 수 있을 것이다. 미신이 대체로 과학적 근거에 따르지 않는다 할지라도 야생의 마음으로 여길 수 있기 때문이다. 그렇다고 미신을 맹신할 수는 없다. 레비 스트로스가 말했듯 과학과 미신을 잘 구분하여 활용하는 유연함이 필요하다.

13

Q 왜 과욕을 부려서는 안 되나?

: :

A 아리스토텔레스의 <중용>으로 풀다

퀴즈 쇼에서 운 좋게 100만 엔을 획득했다고 하자. 그리고 한 번 더 도전을 해서 다음 문제를 풀면 1,000만 엔을 받을 수 있다. 만약 풀지 못한다면 100만 엔을 잃게 된다. 이 경우 많은 사람들이 모험을 택하다가 결국 100만 엔마저 잃는다. 비단 퀴즈 쇼에서 뿐만 아니라 인생의 여러 국면에서 이 같은 상황에 봉착 할 것이다. 사람이기 때문에. 하지만 만약 이 상황에서 100만 엔에 만족하는 사람이 있다면 그 사람의 인생은 성공했다고 말할 수도 있지 않을까. 왜 그럴까.

미국의 소설가 피츠제럴드의 소설 『위대한 개츠비』를 읽어보면 데이지는 불륜을 무릅쓰고 결혼을 재촉하는 개츠비에게 이렇게 말한다. "당신은 원하는 게 너무 많아." 그리고 얼마 후 두 사람은 헤어지게 된다.

인간은 욕망의 동물이다. 욕망의 혼을 지니고 있다고 말해야겠다. 이를 부정하는 사람이 얼마나 될까. 물론 개중에는 불륜을 철저히 배격하는 '성인(聖人)'과 같은 사람도 분명히 있다. 하지만, '성인(性人)' 쪽이 압도적으로 많을 것이다. 그뿐 아니다. 왜 돈은 갈등의 근원이 되는가? 왜 사람들은 출세를 위해 싸우는가? 비만은 왜 사회문제가 되는가? 수업시간에 학생들은 왜 잠을 자는가? 이런 물음이 계속되는 이유는 인간은 욕망에 따라 움직이는 동물이기 때문이다.

그렇다면 욕망은 나쁜 것인가? 전혀 그렇지 않다. 앞서 인간을 욕망의 혼을 지닌 존재라고 말했는데 이는 나쁜 의미로 쓴 게 아니라 사실을 적시한 것일 뿐이다. 욕망을 잃은 사람은 인간이 아니다. 전혀 욕망이 없는 사람을 상상해보자. 이상하지 않은가? 욕망이 없으면 인간은 성장하지 못한다. 인간이 여태까지 성장하여 문명을 이룰 수 있었던 것은 욕망 덕분인 것이다. 욕망이라는 말을 접하면 나쁜 이미지가 떠오르지만 욕망을 희망이라는 말과 바꾸면 어떤가. 전혀 그렇지 않다. 그리고 욕망과 희망이라는 말이 그리 다른 말 같지도 않다. 희망이 지나치면 야망이 되고 이는 실패의 원인이 되기 때문이다.

이에 대해 표현한 것이 고대 그리스의 철학자 아리스토텔레스(B.C.384~B.C.322)의 메소테스다. 번역하면 〈중용〉이다. 알맞은 정도를 표현하는 말인데, "뭘 해도 중용이 좋다"는 식으로 일상 대화에서 쓰이기도 한다. 아리스토텔레스에 따르면 중용은 권장되어야 할 인간의 덕목이다. 그는 이렇게 말했다. "공포, 자신감, 욕망, 분노, 가엾음 등의 쾌/불쾌를 너무 많이 느끼는 것도, 너무 적게 느끼는 것도 좋은 게 아니다. 이 감정의 쾌/불쾌는 적절한 시기에, 적절한 상황에서, 적절한 사람들을 향해서, 적절한 동기에 의해, 적절한 방법으로 느끼는 것이 중용이며 인간이 할 수 있는 최선이다. 이를 덕이라고 말한다." 즉, 중용은 양극단 사이에서의 최선이다. 너무 겁 많은 것도 너무 무모한 것도 잘못이고 그 사이의 용감함만이 최선이다. 무심함이나 방탕함 말고 절제가 최선이다.

아리스토텔레스는 이 덕을 공동체에서 필수불가결한 것으로 제시하고 있다. 공동체 사회에서는 지나친 욕심을 부려서는 안 되기 때문이다. 우리는 사이좋게 어울리며 살아야 하는데 이는 공동체 사회에서 추구해야 할 보편적 생리다. 그러므로 희망은 갖되 지나친 욕망은 버려야 하는 것이다. 주변 사람들을 미혹케 하여 상처를 주는 개츠

비처럼 되기 싫다면.

수년 전 과욕의 자본주의라는 말이 자주 나돌았다. 매매 차익을 통해 성장한 금융자본주의를 힐난하는 표현이다. 실제로 미국 월가를 중심으로 세계의 돈은 한 곳으로 편중해 이동했다. 물건과 달리 돈은 실물을 갖고 있지 않아도 되기 때문에 얼마든지 늘릴 수 있었다. 욕망도 천정부지로 치솟았다.

그 결과 도덕은 무너졌고 실체 없는 머니게임으로 인해 파산하게 되었다. 자본주의 자체는 나쁘지 않다. 하지만 실체를 동반하지 않는 머니게임은 위험하다. 그렇기에 언젠가는 파산에 이르게 된다. 지나친 욕심이 화를 부르는 것이다. 우리는 과거에서 교훈을 얻을 필요가 있다. 문학과 철학과 역사는 과욕을 삼가라고 가르친다. 그 경고에 귀 기울여야 한다. 모든 것을 잃어버리기 전에.

14

Q 회사에서 상사는 왜 필요한가?

: :

A 홉스의 <만인의 만인에 대한 투쟁>으로 풀다

회사원인 야스오는 상사를 싫어한다. 상사의 눈치를 보며 일하는 게 힘들다. 상사가 없을 때 일을 하면 활기가 돌며 일이 순조롭게 진행된다. 어떤 사람은 감시가 없을 때 일이 잘 된다고 한다. 또 다른 사람은 감시하는 사람이 없으면 긴장을 놓기 때문에 게으름 피우기 십상이라고 말하기도 한다. 과연 상사는 있는 게 좋은가, 없는 게 좋은가? 여러분은 어떻게 생각하나.

회사 상사를 좋아하는 사람은 아마 거의 없을 것이다. 이유는 간단하다. 직원들을 감시하고 있기 때문이다. 사람은 누구나 자유롭게 행동하고 싶은 법이다. 그것은 인간의 본질이다. 그럼에도 왜 상사가 존재하게 되었을까. 회사 구성원 전체를 사원으로 해두어 평등하게 유지해도 좋을 텐데. 만약 그렇게 되면 무슨 문제가 발생하는 걸까?

머릿속으로 이런 상황을 그려보자. 어느 날 모두 같은 사원이 되었다. 그러면 우선 소리 지르는 사람이 없어진다. 누구나 게을러지기 마련이지만 뭐라고 할 사람도 없다. 업무 분장은 어떻게 될까? 선점하는 사람이 임자다. 서로 대화할 수도 있지만 결말이 나지 않는다. 재판관이 없는 재판이기 때문이다. 그래서 뭔가를 시작하려고 하면 싸움이 난다. 정글처럼. 상사, 즉 감시자가 사라지면 인간은 아수라장 속에 휘말리며 서로 물고 뜯으며 추락할지도 모를 일이다.

역할을 분담하고 서로 도우면 조직은 잘 될 수 있다. 하지만 조직 내에서 서로 싸우고 깎아 내리면 조직은 의미가 퇴색하며 오히려 해로운 존재가 될 것이다. 그래서 회사에는 상사가 있는 것이다. 이를 잘 나타내는 이론이 영국의 사상가 토마스 홉스(1588~1679)가 주창한 〈만인의 만인에 대한 투쟁〉 이론이다.

홉스는 회사를 넘어 국가에 대해서 논하고 있다. 그

는 인간은 고통을 피해 쾌락을 추구하며 생명 활동을 유지하는 존재라고 정의한다. 인간이 여럿 모이면 어떻게 될까? 물론 경쟁이 발생한다. 만약 선택지가 하나밖에 없으면 스스로 생존을 위해 다투며 쟁취하려 할 것이다. 그는 이를 '자연 상태'라고 표현했다. 누구나 적이 되어 욕망 실현을 위한 경쟁 상대가 되는 〈만인의 만인에 대한 투쟁〉 상태로 접어드는 것이다.

홉스는 이 공포의 무질서 상태를 피하기 위해 자연법(自然法)의 필요성을 주장한다. 자연법이란 개개인의 인간이 자연권을 추구하기 위해서 다 함께 규칙을 지키자는 합의다. 하지만 자연법의 구속력은 양심의 영역이기에 지속적인 평화를 보증하기는 어렵다. 그래서 인간은 외부의 존재를 찾게 된다. 그것이 국가다. 이 외부의 권력으로서 국가를 설정하기 위한 방법이 사회 계약인 것이다. 사회 계약이란 제3자에게 권리를 위탁하는 것이다. 즉 인간은 모두의 동의 아래 자기 보존을 위해서 일정한 자유를 포기하게 된다. 이렇게 해서 완성된 국가는 강력한 힘을 갖는데, 이는 만인의 투쟁을 피하기 위한 지혜인 셈이다. 그래서 누구나 참고 견딘다. 아무리 싫어도. 조직에 상사가 있는 이유도 이와 마찬가지다.

우리는 지위와 이익을 보호하기 위해 상사라는 존재를 허용하고 있다. 물론 상사의 말을 무시할 수도 있겠지만 원칙적으로 상사의 말을 따라야 한다. 그렇지 않으면 최악의 경우 조직에서 추방된다. 조직이 잘 굴러가기 위해서 이러한 조치는 타당한 면이 있다. 생각해 보면, 인간의 유약함이 상사라는 존재를 만들었다. 모든 사람이 어떤 상황에서든 이성적으로 행동하고 성실히 생활에 임하며 타인에게 관용을 베푸는 삶을 산다면 상사 따위는 필요 없을 것이다. 이렇게 사는 삶이 상사를 없애는 유일한 방법일 수도 있다.

15

Q 자유란 무엇인가?

: :

A 밀의 <위해 원칙(危害原則)>으로 풀다

가즈오는 항상 자유롭게 살아가고 싶어 한다. 그래서 부모님 말씀도 제대로 듣지 않고 아르바이트를 하며 취미인 밴드 활동을 지속하고 있다. 그렇다고 프로가 되고자 하는 건 아니다. 물론 앞날에 대한 걱정을 하지만 자신의 뜻대로 살고 싶다며 주장하고 있는데, 이 때문에 부모님뿐 아니라 스스로에게도 상처를 주기도 한다. 그녀는 진정으로 자유를 느끼며 살아가고 있는 것일까?

철학의 최대 주제는 과연 무엇인가? 나는 주저 없이 '자유'라고 말하고 싶다. 자유라는 개념만큼 오랜 시간에 걸쳐 폭넓게 논쟁의 대상이 되는 것도 없을 것이다. 바꿔 말하면 우리는 자유에 대해 지속적으로 고민하고 있다. 사람은 누구나 태어날 때는 자유의 몸이다. 그리고 언젠가부터는 자유롭지 못하게 변해간다. 법규와 법률 혹은 관습에 따라 언행이 제한된다. 정치가 나쁜 상황에서는 자유가 더 제한적이다. 언론과 사상이라는 표현의 자유조차 제한되는 경우도 있다. 이 때문에 자유는 항상 관심의 대상이 되어왔다. 왜 자유는 제한되는 것일까?

대체 자유란 무엇인가? 영국의 철학자 존 스튜어트 밀(1806~1873)은 〈위해 원칙〉을 들어 이 질문에 대해 설득력 있게 논했다. 밀에 따르면 사회 전체의 행복을 실현하기 위해서는 국가의 간섭이 필요하다. 하지만 간섭이 너무 지나치면 자유가 훼손될 우려도 있다. 그래서 그는 국가에 의한 정당한 간섭의 일반적 기준을 제시한다. 그것이 위해 원칙이다.

먼저, 밀은 개인은 자신의 행동이 누군가의 이해에 관여하지 않는 한 사회에서 책임을 지지 않아도 된다고 말한다. 반약 타인의 이익을 손상하는 행동이라면 사회에서 책임을 지고 제재당해야 한다고 한다. 즉, 타인에게 손해를 주지 않는 한에서는 무엇을 해도 자유인 것이다. 그렇기 때문에 〈위해 원칙〉은 다르게 말하면 자유 원칙이라고도 할 수 있다.

이처럼 밀은 삶의 방식을 선택하는 자유가 인정되어야 한다고 주장한다. 개인의 자발성은 그 자체로 존중될 만한 가치가 있고 이는 개성과 창조성을 발휘하게 한다는 것이다. 그는 인간을 한 그루 나무에 비유하면서 기계와는 달리 스스로 성장하고 발전해가는 존재라고 정의하고 있다. 결국 밀이 생각하기에 이상적인 사회는 누구라도 자유를 구가하고 개성을 발휘할 수 있는 공간인 것이다.

현대 사회에서 자유의 개념은 보다 적극적인 형태로 진화하고 있다. 밀이 말한 것처럼 단순히 타인에게 손해를 주지 않으면 무엇이든 해도 좋다는 식의 고전적 자유주의에서 곤란한 상황에 처한 사람에게 도움을 주는 것까지 요구하는 신자유주의식 자유로 전환되고 있는 것이다. 자유는 나 자신만 누릴 수 있다고 좋은 게 아니다. 자유는 누구나가 실현할 수 있는 상태를 말하는 것이기도 하며 이는 사회에서 자유가 존재하는 방식이기도 하다. 자유가 실현 불가능한 상황에 놓이게 해선 안 될 것이다. 그러려면 적극적인 자유의 개념을 개개인도 마음에 품고 있어야 한다.

문제는 이 적극적인 자유의 개념을 어떻게 이론화할 것이냐다. 다양한 의견이 있겠지만, 내 생각은 이렇다. 우리는 공동체 안에서 살아가는 존재다. 그렇기 때문에 우리는 서로 지지하고 도와줘야 한다. 이를 전제로 자유의 의미를 생각해볼 필요가 있는 것이다. 만일 서로 지지하고 도와주는 것이 함께 사는 삶의 '전제'라고 한다면 자기 마음대로 무엇이든 할 수 있다는 건 그 삶의 원칙이 될 수는 없다.

오히려 원칙은 타인에 대해 '마음 써주는 것'이라고 할 수 있다. 이 경우 마음을 써주는 것은 참는 것과는 다르다. 좀 더 적극적인 의미가 포함되어 있는 것이다. 자유에 '마음 써주는 것'을 포함시킨다면 나뿐만 아니라 타인의 자유도 실현한다는 개념도 깃들 수 있다고 생각한다. 어쩌면 이상적인 자유는 개인주의가 만연한 서양보다는 일본처럼 협력을 중시하는 사회에서 더 활성화될지도 모른다.

16

Q 부자가 나쁜 것인가?

: :

A 싱거의 <효율적 이타주의>로 풀다

개발도상국 아이들의 의료나 식료품을 지원하기 위해 여러 나라에서 기부금을 모으고 있다. 이때 두 나라를 가정해보자. 한 나라는 빈부격차가 심하지만 일부 부자들만 기부를 해도 1억 엔을 모을 수 있다. 다른 나라는 빈부격차가 심하지 않다. 하지만 많은 사람들이 조금씩 모아서 100만 엔을 기부한다. 두 나라 중 어느 나라가 더 좋은 사회라고 할 수 있나.

사람들은 돈을 많이 벌고자 한다. 하지만 돈을 많이 벌고자 하는 마음이 왠지 꺼림칙하게 느껴질 때가 있다. '수전노'라는 말이 있듯이 너무 돈벌이에만 치중하는 것처럼 생각되기 때문이다. 때때로 돈을 많이 벌고자 하는 사람이 돈밖에 모르는 사람과 같은 뜻처럼 여겨지기도 한다. 하지만 기부를 하면서 돈을 버는 사람을 수전노라고 부를 수는 없을 것이다. 만일 부자가 없는 사회라면 오히려 기부금 합계도 감소할지 모른다. 기부금의 규모는 크면 클수록 좋은 것 아니겠는가.

기부와 돈벌이, 기부와 부자에 대해서는 오스트레일리아 출신의 철학자인 피터 싱어(1946~)의 〈효과적 이타주의〉를 통해 생각해보자. 효율적 이타주의란 싱어가 TED 강연에서 소개한 개념이다. 싱어는 강연을 시작하며 한 영상을 청중에게 보여줬다. 우연히 중국의 방범 카메라에 찍혔던 모습으로, 2살 난 여자아이가 차에 치여 넘어져 있는데도 많은 사람들이 그냥 지나쳐가는 영상이었다. 싱어는 청중에게 질문을 했다. "당신이라면 지나치지 않고 아이를 도와주었겠습니까?" 그러자 다수의 청중이 손을 들었다. 그러자 싱어는 2011년 유니세프 보고서를 인용하며 690만 명이나 되는 아이들이 가난이 아니라면 충분히 예방할 수 있는 질병에 걸려 죽어가고 있다고 말했다. 그런데 왜 이에 대해서는 도덕적 책임감을 느끼지 못하느냐고. 즉, 우리는 눈앞에 있는 한 명의 어린이에 대해서는 도덕적 책임감을 느끼지만 먼 곳에 있는 수많은 아이들에 대해서는 도덕적 책임을 느끼지 못하고 있는 것이 아니냐는 물음이었다. 싱어는 '삶에 큰 불편이 생기지 않는 한도 내에서' 기부를 한다면 690만 명의 어린이들을 질병으로부터 지켜낼 수 있다며 동참을 호소했다.

싱어는 〈효율적 이타주의〉의 본보기로 빌 게이츠를 들었다. 대부분의 경우, 부자들은 부자라는 이유만으로 비난을 받는다. 하지만 싱어는 돈 많은 부자가 기부를 더 많이 할 가능성이 크니까 돈을 많이 버는 것을 비난하지 않는다. 싱어 사상의 핵심은 큰돈이 효과적인 기부를 가능케 한다는 것이다. 그리고 최대 다수의 최대 행복을 지향하는 공리주의의 성격을 띤다. 이 점은 그가 제시한 다음의 예에서도 드러난다. 싱어는 맹인 안내견 한 마리는 맹인 한 사람밖에 구할 수 없지만, 같은 돈으로 개발도상국에 사는 2,000명의 전염성 맹인 환자를 구할 수 있다고 말한다. 싱어에 따르면 한 사람의 행복보다 2,000명의 행복을 선택하는 것이 더 효율적이다.

싱어의 〈효율적 이타주의〉에서 한 가지 더 중요한 점은 다른 사람을 도와주는 데 고통을 느껴서는 안 된다는 것이다. 다른 사람을 도와주는 일은 즐거운 일이며 오히려 다른 사람을 도와주지 않는 소비 사회의 소비 형태가 더 고통스럽다고 말한다. 싱어는 이를 시지프 신화에 비유한다. 매일 악착같이 돈을 벌고 그 돈을 통해서 다시 돈을 버는 반복되는 고통이, 바위를 산 정상까지 옮기는 고행을 반복하는 시지프 신화 속 형벌과 같다고 설명하는 것이다.

돈의 사용 방법은 우리 삶의 만족도와 밀접한 관련이 있다. 나를 위해서가 아니라 다른 사람을 위해서 돈을 사용한다면 우리 삶의 만족도는 더욱 높아질 것이다. 이는 나에게 즐거움을 주는 행위이며, 이 즐거움은 우리 삶을 행복하게 한다. 우리 삶에 이타적인 행복을 채우기 위해서는 다른 사람들을 도울 수 있을 만큼의 돈이 필요하다. 〈효율적 이타주의〉란 바로 그런 것이다.

17

Q 왜 사람은 의심하는가?

: :

A 데카르트의 <방법적 회의>로 풀다

나는 귀신을 무서워하기 때문에 공포 영화를 보지 않는다. 그러나 나와 달리 사다코(일본의 공포영화 제목) 귀신 분장을 하고 개그를 하는 사람도 있고, 또 자신 있게 귀신은 없다고 말하는 사람도 있다. 여러분은 귀신이 있다고 생각하는가, 혹은 귀신은 없다고 생각하는가. 만약 귀신이 없다고 생각한다면 귀신이 없다고 어떻게 단언할 수 있는가?

나는 학생들에게 다른 사람에게 배운 생각을 의심하라고 말한다. 학생들은 아직 비판적인 생각이 다 형성되지 않아서 배운 그대로 앵무새처럼 생각하고 말하는 경향이 있기 때문이다. 사회에 나가서도 그러하다면 사기를 당하거나 상술에 휘말리기 쉬울 것이다. 때때로 인간은 속이기 쉬운 존재다.

그러나 사람 말을 쉽게 믿는 인간의 모습은 사회를 구성하는 일반적인 부분이기도 하다. 사회는 신뢰를 바탕으로 성립되어 있다. 신뢰 덕분에 우리는 은행에 돈을 맡기고 상품을 살 수 있는 것이다. 신뢰가 없는 사회라면 은행에 돈을 맡길 수 없을 뿐더러 서비스를 이용하는 것 자체가 불가능할 것이다. 또한 기본적인 질서조차 지켜지지 않아 함부로 거리를 다닐 수도 없게 될 것이다. 우리는 사회의 기본 규칙을 만들고 이를 지킬 거라고 믿으면서 살아가고 있다.

하지만 때론 불안한 마음이 들기도 한다. 누군가 규칙을 어겨서 내게 자동차로 돌진해오진 않을지, 누군가 내게 해를 끼치지는 않을지 의심이 든다. 우리는 사회에서 어떻게 생각하고 행동하는 게 좋을까? 일상생활에 지장을 주지 않는 선에서 의심하며 사는 게 좋지 않을까?

합리적 의심을 하는 데엔 몇 가지 중요한 요소가 있다. 의심의 기준을 세우는 것이다. 사물 혹은 사건을 의심하기 위해서는 기준이 있어야 하는데, 보통 그 기준을 중심으로 기준과 다르면 의심을 하게 된다. 이때 스스로 옳다고 믿는 생각이 의심의 기준이 되는 것이다. 예를 들어 '1+1=2'가 옳다고 믿는 것은 이미 알고 있는 계산 법칙의 기준에 맞기 때문일 것이다.

하지만 우리가 배운 계산 법칙이 무조건 옳은 기준이라고 할 수 있을까. 학교에서 배웠기 때문에? 학교에서 배운 게 거짓일지도 모르지 않은가. 이러한 의심을 갖고 절대적인 확실한 기준을 발견한 이가 바로 프랑스의 철학자 르네 데카르트(1596~1650)다. 데카르트는 진리를 발견하기 위해 일체의 모든 것을 의심했다. 눈앞에 있는 책상이 진짜로 존재하고 있는 것인지, 저기 있는 사람이 실제 사람인지, 지금 꿈을 꾸고 있는 것은 아닌지, 데카르트는 눈에 보이는 것은 물론이고 꿈조차도 의심했다. 이렇게 철저하게 사물을 의심한 데카르트의 사고법을 〈방법적 회의〉라고 한다.

철저한 의심 끝에 남는 것은 의심이라는 행위를 한 자신의 의식뿐이다. 데카르트는 이렇게 표현했다. "나는 생각한다. 고로 나는 존재한다." 비록 의심하는 자신의 상태가 꿈일지도 모르나, 의심하고 있는 자신의 의식은 존재하는 사실이다. 그렇기 때문에 자신을 의심한다는 의식만은 의심할 수 없는 사실인 것이다.

데카르트는 결코 의심할 수 없는 자신의 의식이야말로 유일하고 확실한 존재라고 말했다. 의심하기 전의 자신은 세계에 파묻힌 상태였지만 철저한 의심을 거친 자신의 의식은 세계와 구분이 가능한 상태라고. 바로 그 상태가 확실한 기준이며 기점인 것이다. 자신의 의식만은 확실하다고 생각할 때 비로소 다른 사물을 의심하는 것이 가능해진다. 자기 자신에게 자신이 없고, 의식과 기억이 애매모호한 사람이 다른 사물을 의심하는 것은 불가능하다.

따라서 세상의 상식에 대해 의심을 품는 사람은 자기에게 자신감이 있는 사람이다. 자신이 확실하다고 생각한다면 그 무엇도 두렵지 않을 것이다. 갈릴레오가 재판에서는 태양이 지구의 주위를 돌고 있다고 말했지만, "그래도 지구는 태양 주위를 돌고 있다"고 속으로 중얼거렸듯이.

의심하기 위해서는 자신을 단련해야 한다. 내면의 지식을 쌓는 것을 시작으로 자신만의 기준을 세우고 무엇보다 자신감 있게 의심할 수 있는 힘을 길러야한다. 내가 아직도 귀신에 대한 공포가 남아 있는 것은 아직 귀신의 존재에 대해 의심할 수 있는 지식을 충분히 습득하지 못했기 때문일지도 모른다.

18

Q 왜 아마존에서 쇼핑하는 것일까?

∶

A 베이컨의 <우상론>으로 풀다

노조미는 요즘 고민이 있다. 아마존 인터넷 쇼핑에 빠진 것이다. 책, DVD뿐 아니라 의류나 생활용품까지 인터넷으로 살 수 없는 게 없다. 문제는 불필요한 것까지 사게 된다는 것이다. 필요한 물건이 아닌데도 자신에게 추천하는 상품을 자신도 모르게 클릭하게 된다. 쇼핑몰은 노조미가 구입하고 열람한 이력에 근거해서 상품을 추천하는데 이 기능이 편리하기도 하고 유혹도 커서 구매욕을 참아내기 힘든 것이다. 여러분은 이런 추천 기능을 어떻게 생각하는지?

우리 집에도 매일같이 인터넷 쇼핑몰에서 주문한 택배가 도착한다. 나 역시 노조미씨와 비슷한 인터넷 쇼핑 중독자인 셈이다. 내가 인터넷 쇼핑을 하는 이유는 다음과 같다. 우선 나는 시골에 살고 있기 때문에 집 주변에 가게가 적다. 나 같은 사람들에게 인터넷 쇼핑몰은 구세주처럼 다가오는 것이다. 특히 급하게 책이 필요할 때에 인터넷 쇼핑몰은 큰 도움이 된다. 오프라인 쇼핑몰은 접근하는 데 시간과 노력이 꽤 들지만 온라인 쇼핑몰은 바로바로 구매와 배송이 가능하기 때문이다.

인터넷 쇼핑몰은 무엇보다 강력하게 구매를 유도한다. 광고를 말하는 게 아니다. 인터넷 쇼핑몰은 내 구입과 열람 이력을 참고해 좋아할 만한 상품을 추측하여 추천하기 때문에 나는 무심결에 그 상품을 구입하기도 한다. 억지로 사도록 강권하는 게 아니라 객관적 자료를 바탕으로 구매를 유도하는 것이다. 그렇기에 정말 필요한 상품인 것처럼 느껴져 오히려 도움을 받는 것 같기도 하다.

문제는 필요 없는 것까지 사게 된다는 점이다. 인터넷 쇼핑몰이 제시한 물품들을 보면 미리 사두면 좋을 것 같다는 생각마저 든다. 나는 이미 꾐에 넘어간 먹잇감처럼 느껴진다. 그 먹잇감이 되지 않기 위해선 쇼핑몰이 나를 현혹하는 구조를 연구해 방책을 마련해야할 것 같다. 영국의 사상가 프란시스 베이컨(1561~1626)의 〈우상론〉

을 통해 대비해보자. 우상은 간단히 말해 올바른 판단을 가로막는 편견과 선입관이다. 베이컨은 우상을 네 가지로 분류했다.

첫째는 '종족의 우상'이다. 이는 인간이라는 종족을 고유한 우상이라 여기고 인간의 감정과 감각만을 통해 상황을 판단해 생기는 오류를 말한다. 인간의 관점으로만 파악하게 되면 지성은 흔들리고 편견과 오류로부터 자유로워질 수 없다.

두 번째는 '동굴의 우상'이다. 이는 마치 좁은 동굴에서는 사고가 움츠려들 듯 개인의 협소한 경험으로만 판단하는 주관적인 사고 오류다. 교육이나 주변 사람, 책 등을 통한 경험만으로 판단을 내리는 편협한 오류를 말한다.

세 번째는 '시장의 우상'이다. 이는 언어적 편견으로 발생하는 오류이다. 시장에서 퍼진 소문을 쉽게 믿어버리는 것처럼 사람의 언어로부터 얻은 오류를 말한다. 지금 시대에는 시장보다는 인터넷에 범람하는 말들로 인한 오류를 떠올릴 수 있을 것이다.

네 번째는 '극장의 우상'이다. 이는 권력과 전통을 맹목적으로 믿는 사고 오류의 한 유형이다. 극장 단상 위에서 행동하는 배우의 말을 쉽게 믿듯이 권력 있는 사람의 말을 아무런 의심 없이 받아들여서 생기는 오류를 말한다.

우리는 우상에 의해 얼떨결에 필요 없는 것까지 사버

리는 경우가 있다. 우상은 눈에만 보이지 않을 뿐 요괴와 같은 존재다. 우상은 어느새 우리의 마음에 자리 잡고 우리를 조종하며 쇼핑을 유도한다. 요괴와 같지 않은가? 그러므로 퇴치할 필요가 있다. 인터넷 쇼핑몰에서 상품 리뷰는 '동굴의 우상'에 해당된다. 리뷰의 평판이 영향력을 가지기 때문이다. 또한 인터넷 쇼핑의 추천 상품은 '시장의 우상'에 해당할 것이다.

우상을 의식하고 경계하지 않는다면 우리 집처럼 매일 인터넷 쇼핑몰 상자가 오게 될지도 모른다. 하지만 아무리 정신을 차리고 쇼핑을 한다고 해도 온라인이 편한 건 사실이다. 베이컨은 "아는 것이 힘"이라는 명언을 남겼다. 하지만 아무리 많은 책을 산다고 한들 지식을 쌓을 수는 없다. 책을 사는 게 중요한 게 아니라 읽으며 지식을 습득하고 많은 경험을 하는 게 중요할지니.

19

Q 왜 일본인은 얌전한 것인가?

: :

A 와츠지 테츠로의 <풍토론>으로 풀다

대학생인 신지는 학교에서 적극적인 편에 속한다. 하지만 신지는 여름 방학에 단기 어학연수를 갔을 때, 훨씬 적극적으로 행동하는 세계 각국의 대학생들을 보고 깜짝 놀랐다. 수준별로 학급이 구성되어 있어서 실력 차이가 크게 나지 않았음에도 다른 나라의 대학생들이 훨씬 적극적으로 발언을 했다. 그 학급에서 일본인인 신지는 얌전하다는 평가를 받았으며 본인도 인정하는 수밖에 없었다. 일본인은 정말 얌전한가? 왜 그럴까?

일본인 관광객은 세계 각지에서 환영받고 있다. 매너가 좋을 뿐 아니라 얌전해 보이기 때문이다. 일본인 관광객은 소란을 피우거나 싸움을 하지 않는 것은 물론이고 좀처럼 클레임을 걸지도 않는다. 대체로 꾹 참는 편이다. 일본인은 왜 이렇게 얌전한 것인가?

일본은 우선 다른 나라와 환경에서 차이가 난다. 일본의 독특한 환경이 일본인의 성격을 형성했다고 말해도 좋을 것이다. 이에 대해서 와츠지 테츠로(1889~1960)의 〈풍토론〉을 통해 살펴보자. 와츠지 테츠로는 근대 일본을 대표하는 윤리학자다. 와츠지 테츠로는 윤리를 단순한 개인 문제가 아니라 사회 문제로 치환하는 학문 체계를 구축했다. 그는 일본 문화와 정신을 세계의 시야에서 바라보는 한편, 일본의 풍토와 정신, 존재 방식 등에 대한 학문을 폭넓게 전개해나갔다.

와츠지가 말하는 풍토는 단순히 자연환경만을 뜻하지 않는다. 와츠지는 풍토가 인간의 존재 형식 그 자체를 나타낸다고 말했다. 인간은 풍토에 따라 생활하고 그에 따라 생활 양식과 문화를 형성한다는 것이다. 그런 의미에서 풍토는 인간의 성질을 규정한다고 말할 수 있다.

와츠지는 세계의 풍토를 총 세 가지 형태인 몬순형, 사막형, 목장형으로 분류한다. 먼저 몬순형은 동아시아와 동남아시아의 전형적인 풍토를 말한다. 몬순이라 불리는 계절풍이 부는 풍토로, 계절풍 덕분에 식물의 생육에 적당한 고온다습한 환경을 이룬다. 덕분에 몬순형 풍토의 사람들은 농경을 생업으로 삼는 경우가 많고 한편으론 홍수와 태풍과 같은 자연의 힘에 영향을 받아 자연에 대해 수용하고 인내하는 성격을 띠기도 한다.

사막형은 서아시아와 내륙아시아, 아프리카에서 나타나는 전형적인 풍토이다. 건조한 사막 환경에서 사람들은 방목 생활을 한다. 사막형 풍토의 사람들은 자연에 대항하고 다른 부족과 대립하기에 전투적인 성격을 띤다.

목장형은 유럽에 나타나는 전형적인 풍토이다. 건조한 기후와 습한 기후가 규칙적으로 반복되기 때문에 사람들은 기후에 맞춰 농경과 목축 생활을 한다. 목장형의 사람들은 자연을 합리적으로 계획하고 지배하기 때문에 합리적인 사고가 발달했다.

그렇다면 일본은 어떠한가? 당연히 몬순형에 속한다. 그러므로 자연에 대해 수용하고 인내하는 것이다. 일본인은 홍수와 태풍, 지진을 감내하며 살아왔다. 이 때문에 일본인은 자연뿐 아니라 다른 것들에도 참아내는 성격을 형성한 것이다. 한 번 형성된 성격은 다른 대상에 대해서도 똑같이 반응한다. 성격은 대상에 따라 변하는 것이 아니기 때문이다. 마치 꾀병을 자주 부리는 아이가 다른 일을 할 때도 핑계를 대는 것처럼.

얌전하다는 게 다소 불리하게 작용할 수도 있을 것이다. 외국인 입장에서는 일본인의 얌전한 모습을 이용할 수도 있기 때문이다. 그렇기에 다른 나라에서 일본인 관광객이 인기가 있다는 사실을 기뻐해야만 할 일인지는 모르겠다. 어떤 요구든 잘 받아들이고 나긋나긋하기에 받는 환영일 수도 있다. 마치 자이언이 하는 말을 잘 듣는 노비타■처럼.

물론 일본인의 이러한 성격은 풍토로 형성된 탓에, 와츠지의 주장에 따르면 어쩔 수 없는 것일지도 모른다. 하지만 앞으로 바뀔 가능성도 충분하다. 외국 생활을 경험한 사람들은 성격이 바뀌기 마련이기 때문이다. 이국의 풍토에 영향을 받아 사고방식과 태도가 다들 조금씩은 변하는 것이다. 외국 생활을 통해 적극적으로 사고하고 행동하는 습관을 기를 수도 있다. 그래서 나는 젊은 친구들에게 유학을 적극적으로 권한다. 영어 공부나 경력을 위해서가 아니다. 세계화 시대에 살아남으려면 강건한 성격을 지녀야 하니까.

■도라에몽에 나오는 등장 인물. 자이언(퉁퉁이)은 노비타(진구)를 잘 괴롭힌다.

20

Q 일본인은 어째서 영어가 서툰가?

: :

A 소쉬르의 <구조주의 언어학>으로 풀다

나오코는 영어가 서툴다. 영어를 듣고 있으면 무슨 의미인지 전혀 알아들을 수가 없다. 당연히 말하는 것 또한 어렵다. 중학생 때부터 계속 공부를 해왔는데. 그렇다면 영어와 잘 맞지 않는 것일까? 회사에서도 마찬가지이다. 외국인 바이어가 오면 슬슬 자리를 피하게 된다. 주위 사람들에게 이런 고민을 털어놓으면 다들 비슷한 것 같다. 어째서 일본인은 영어가 서툰 것일까?

영어가 능숙하지 못한 일본인이 많다. 영어를 듣게 되면 눈만 껌뻑거릴 뿐 말을 하지 못하거나 기껏 하는 말이 Yes나 No인 정도다. 어쩌면 알아들을 수 없기 때문에 말을 못하는 것일지도 모른다. 물론 중학교 때부터 영어 공부를 해왔기 때문에 쉬운 영어 단어 정도는 알고 있겠지만 자연스러운 듣기(Hearing)는 거의 불가능하다. 이는 언어의 발음과 머릿속에 있는 의미가 일치하지 않기 때문이다. 일본어에서 '하시(はし)'라는 말을 들으면, 다리(橋, はし)인지 끝(端, はし)인지 또는 젓가락(箸, はし)인지 알 수 없는 것과 같다. 발음과 내용, 둘 다 알지 못하면 언어의 의미를 알 수 없다. 이에 대해 스위스의 언어학자 페르디낭 드 소쉬르(1857~1913)의 〈구조주의 언어학〉을 참고해보자.

소쉬르는 언어를 하나의 '기호'라고 말하고, 언어를 '기호표현(시니피앙, 기표)'과 '기호내용(시니피에, 기의)'으로 나누었다. 시니피앙은 언어의 음(音)의 측면이고, 시니피에는 언어의 음이 지시하는 내용이다. 예를 들어, 앞의 예에서 'hashi'라고 하는 것은 시니피앙에 해당하고 '다리', '끝', '젓가락' 등은 시니피에에 해당하는 것이다.

이렇듯 언어는 시니피앙에 의해 음의 영역이, 시니피에에 의해 내용이 확정된다. 소쉬르에 따르면 사물 개념은 언어 기호에 의하여 명확해진다. 즉, 현상은 말에 의해 표현되고 이름 붙여짐에 따라 최초의 의미가 확정된다는 것이다. 소쉬르는 이 시니피앙과 시니피에의 뗄 수 없는 관계를 수소와 산소가 만나 물이 되는 것에 비유했다. "만일 언어라는 물을 수소와 산소로 나누어 버리면, 이는 존재하지 않는 것이 되어버린다. 따로 분리하면 이 두 요소들 중 어느 것도 물의 속성을 전혀 지니지 못하기 때문이다."

다만 어떤 시니피앙이 특정한 시니피에와 연결되어 있다고 해서 그 연결에 뭔가 자연적이고 논리적인 연관성이 있는 것은 아니다. 즉 그 연결은 자의적(恣意的)인 것이다. 소쉬르는 언어 기호는 자의적인 것이라고 말한다. 시니피앙과 시니피에의 결합 기준은 자연 법칙을 따른 것이 아니라 어디까지나 그 사회에서 자의적으로 결정된 것에 지나지 않는다는 것이다.

이처럼 말이라는 것은 음과 내용의 조합으로 정해진다. 이에 따라 당연히 자신이 듣는 음에 상응하는 내용에 대한 지식이 필요한 것이다. 예를 들어, 영어의 'book'이라는 음을 들으면, 그에 상응하는 내용인 '책'을 알고 있어야 한다는 것이다. 물론 'book'을 들었을 때 그 의미가 '책'이라는 것을 모르는 사람은 없을 지도 모른다. 하지만 실제 회화에서 'book'은 '부-ㄱ'으로 들려온다. '부'의 'ㄱ' 발음이 확실하게 강조되지 않으므로 우리는 이런 경우 '부-'가 책을 의미한다고 연결할 필요가 있는 것이다.

일본인이 영어를 잘 알아듣지 못하는 이유는 바로 여기에 있다. 일본의 영어 교육은 발음의 정확함을 중시하지 않았기 때문에 발음과 그 내용이 머릿속에 쉽게 맞닿지 않는 것이다. 원어민이 말하는 정확한 발음과 그 내용을 연결 짓지 못하면 듣기는 불가능할 것이다. 유감스럽게도 일본의 영어 교육 현장은 아직도 이를 관철하지 못하고 있다. 일본의 영어 교재는 정확하기는 한데 어딘지 부자연스러워서 진짜 영어 같지 않다.

21

Q 세금을 걷는 건 도둑질인가?

∶

A 노직의 <자유지상주의>로 풀다

타쿠야는 급여명세서를 보고 깜짝 놀랐다. 세금이 높아져서 실제로 수령한 급여가 내려간 것이다. 그렇지 않아도 월급이 적은데 세금이 오르며 더 적어진 것이다. 복지와 사회 인프라 구축을 위해 세금이 필요하다는 것은 알고 있다. 하지만 큰 병이 아닌데도 수시로 노인 의료 혜택을 이용해 병원 진료를 받는 노인을 보거나, 멀쩡한 도로를 새로 보수하는 작업을 보면 화가 날 때도 있다. 세금이 꼭 필요한 곳에 쓰이고 있는지, 세금을 더 아껴야 하지는 않는지 말이다. 여러분의 생각은 어떠한가?

세금을 낭비하고 있다는 기사를 접할 때면 도대체 세금을 왜 걷는지 모르겠다는 생각을 하게 된다. 세금이 필요한 곳도 많을 텐데 굳이 저런 곳에 써야 하는 생각도 드는 것이다. 신중하게 판단하여 세금을 사용했으면 좋겠다. '세금 도둑'이라는 표현이 있다. 정부가 쓸데없이 세금을 걷는 걸 비유하는 말이다. 국가를 도둑에 비유하다니. 다소 지나친 느낌도 든다. 국가는 세금을 징수할 권한이 있다. 납세의 의무는 헌법에 명시되어 있다. 그러므로 세금을 걷는 것 자체가 도둑질이라고 불릴 행위는 아닌 것이다.

하지만 정치 철학의 세계에서도 이런 발상을 한 사람들이 있었다. 자유지상주의자들이다. 세금은 꼭 필요한 것이 맞는지 미국의 철학자 로버트 노직(1938~2002)의 〈자유지상주의〉를 근거로 생각해보자. 자유지상주의란 영어로 리버테리어니즘(Libertarianism)으로 정치 철학 용어다. 리버테리어니즘을 주장하는 사람을 리버테리안이라 부른다.

일반적으로 자유지상주의는 개인의 자유와 선호를 최대한으로 존중해야한다는 극단적 형태의 개인주의를 가리킨다. 그 내용은 국가를 완전히 없애야 한다는 입장부터 어느 정도 국가 간섭은 인정할 수밖에 없다는 입장까지 폭넓으며, 사상가의 입장에 따라 조금씩 차이가 있다. 그중에서도 노직은 1970년대에 최소국가론을 주장해 주목을 받으면서 대중에게 알려졌다. 최소국가라는 것은 국가를 없애지는 않되 국가의 역할을 방위와 사법, 치안 유지 등 최소한의 범위에만 허용하자는 주장이다.

그렇다면 똑같이 개인의 자유를 중시하는 자유주의와 자유지상주의의 차이점은 무엇일까? 우선 자유주의는 존 롤스의 '정의론' 이후 복지국가론과 같은 의미로 사용되어 왔다. 이른바 신자유주의라 부를 수 있는데, 이는 부의 재분배와 법 규제를 인정함으로써 국가의 개입을 승인하는 사상이다. 하지만 자유지상주의는 국가의 개입을 부정한다. 자유주의자는 복지를 위해 많은 세금이 필요하다고 생각하지만 자유지상주의자가 볼 때 세금을 걷는 건 도둑질과 같은 것이다. 즉 정부는 불신의 대상이며 필요악인 반면에 시장은 절대적으로 신뢰할 수 있는 존재라는 것이다. 시장을 자발적인 교환을 본질로 하는 도덕적인 제도라고 여기는 것이다. 이러한 사상은 개인주의를 선호하는 미국에서 주목받았다.

티파티(Tea Party)는 세금 감시 운동을 펼치는 보수단체인데, 오바마 정부의 의료보험 개혁 정책에 반대했다. 의료보험 개혁 정책을 빌미로 세금을 올리는 것은 미국의 건국 정신인 자유를 훼손하는 것이라며 1773년 영국의 식민지 시절, 보스턴 차 사건을 이어받아 운동을 전개한 것이다. 'Tea'는 'Taxed Enough Already(세금은 이미 많이 걷었다)'라는 의미도 있다.

이처럼 자유지상주의자는 국가의 존재 자체를 부정적으로 보기에 국가가 그 역할을 최소한으로 맡으며 세금도 최소한으로 걷어야 한다고 주장한다. 즉 별도의 세금을 걷어 국가를 운영할 필요가 없다는 말이다. 실제로 자유지상주의자 중에는 돈을 내는 만큼 사회 복지 혜택을 받아야 한다고 생각하는 사람도 있다. 설령 부자만이 그 혜택을 받더라도.

자유지상주의자말고도 세금 걷는 걸 도둑질이라고 생각하는 사람은 국가에 불만을 가질 것이다. 혹은 국가에 불만이 있으니 국가를 세금 도둑이라고 생각하기도 할 것이다. 국가는 불만을 없애기 위해서라도 세금을 공정하게 사용하고 사용 내역을 투명하게 공개해야만 한다. 국민도 세금이 공정하게 집행될 수 있도록 지속적으로 감시해야 한다. 일본은 고령 사회를 대비하기 위해 소비세를 높이는 한편, 공공사업을 많이 벌이고 있다. 정부는 세금 도둑이 되지 않도록 신중한 결정을 해야 할 때다.

22

Q 누가 세계를 움직이고 있는가?

: :

A 네그리 / 하트의 <제국>으로 풀다

카스미는 미국으로 유학을 가고 싶다. 미국이 세계 최고의 국가라고 생각하기 때문이다. 그러나 카스미의 친구 후미오는 미국은 더 이상 세계 최강대국이 아니며 이제는 특정한 국가가 세계의 최고라고 할 수는 없다고 말했다. UN의 힘도 예전만 못하다고 덧붙였다. 그렇다면 대체 어느 나라가 힘을 갖고 있다는 말인가. 여러분은 어느 나라가 세계를 움직이고 있다고 생각하는가?

내가 어릴 때에는 세계의 힘이 미국과 소련으로 양분되어 있어서 어느 나라든 미국과 소련 둘 중 한 그룹에 속해 있어야 했다. 이른바 냉전시대였다. 이후 소련이 붕괴되고 미국이 상대적으로 힘을 더 키웠지만 세계는 카오스 상태로 접어들게 되었다.

특정 국가가 중심에 있다고 말하기 어려운 다극화 시대로 접어든 것이다. 하지만 다극화 시대에도 어느 국가는 세계의 움직임을 주도하고 있다. 집단이 있는 곳에는 반드시 정치가 발생하며 이해를 둘러싸고 대립하기 때문이다. 그리고 정치를 주도하고 세계를 움직이는 주체는 필연적으로 존재하기 마련이다. 분명히 미국은 세계에서 가장 강력한 힘을 지닌 국가다. 하지만 중국과 이슬람 세력, 과거 소련이었던 러시아, 그리고 유럽연합은 무시할 수 없는 존재다. 그러므로 강력한 힘을 지닌 미국이라도 국제 이슈에 대해 독단적으로 결정할 수 없게 되었다. 그렇다면 대체 세계는 누가 움직이고 있는가.

이에 대해 참고할 만한 책이 안토니오 네그리(1933~)와 마이클 하트(1960~)가 공저한 『제국』이다. 『제국』은 21세기 최초의 고전이라 불릴 정도로 세계에서 화제가 된 명저다. 〈제국〉이라는 표현과 개념은 새로운 시대의 현상을 적확하게 지적했다. 『제국』의 '제국'은 '제국주의'와는 전혀 다른 개념으로 세계화에 따라 발생한 새로운 권력을 의미한다. 일반적으로 제국주의는 중심이 되는 국민과 국가가 그 힘을 확장해나가는 것을 의미하는 반면 제국은 제국주의와 달리 중심 국가가 없고 오히려 초국가적인 제도와 자본주의하의 대기업 등이 결정체가 되어 네트워크를 통한 권력을 형성한다는 것이다.

즉, '제국주의'에서는 국경이 있었는데 '제국'에서는 그 국경이 사라지고 명시적인 권력의 장소가 존재하지 않는다. 제국은 공간적으로 전체성을 지녔으며 문명화된 세계 전체를 실제로 지배하는 체제를 제시하고 있다. 그렇기에 제국은 역사의 흐름 속에서 일시적으로 지배력을 행사하는 게 아니라 시간적 경계조차 없는 권력을 갖는 것이다. 그런 의미에서 제국은 역사의 외부 혹은 끝에 위치한 체제라고 부르기도 한다.

〈제국〉의 또 다른 특징은 인간의 행위를 규제하는 것에 그치지 않고 인간 본성을 직접적으로 지배하려 한다는 점이다. 인간의 사회적 삶을 통째로 지배 대상으로 삼는다는 것이다. 마치 거대한 아메바가 세상 전부를 먹어치우려는 모습처럼. 정체를 알 수 없는 거대한 권력이 세계를 지배하는 힘의 정체인 것이다. 그것이 세계화인데 말하자면 세계화가 세계를 지배하고 있다고 표현할 수도 있을 것이다. 단, 세계화는 끊임없이 온 지구가 하나로 연결되려 하는 현상이기 때문에 그 자체가 세계를 지배하는 권력 주체는 아니다. 그러므로 네그리와 하트는 제국이라는 새로운 개념을 고안한 것이다.

그렇다면 우리는 이 〈제국〉에 의한 지배를 어떻게 받아들여야 하는가. 기쁘게 받아들여야 할까. 아니면 위태로운 상황으로 여겨야 하나. 결론부터 말하자면 제국 또한 권력이므로 이에 대한 경계가 필요하다. 더군다나 제국의 실체는 세계화이기에 개인과 국가 모두를 휘어잡을 수 있는 힘을 지니고 있다.

그러면 제국에 어떻게 대항하면 좋을까. 상대가 특정 국가라면 실체를 인지하고 이와 맞서 싸울 수 있을 것이다. 하지만 상대는 특정 국가가 아니다. 실체를 알 수 없는 어마어마한 힘을 지닌 제국이다. 네그리와 하트는 '멀티튜드(Multitude)', 즉 '다중(多衆)'을 통해 대항할 수 있다고 말한다. 다중은 이른바 세계 각지에 흩어져 있는 사람들의 네트워크를 말한다. 우리들이 세계적인 규모로 연대함으로써 대항하는 게 가능하다는 얘기다. 네그리와 하트에 따르면 다중의 잠재력은 충분하다. 물론 다중이 현실화가 될지는 미지수이지만.

23

Q 신은 존재하는가?

: :

A 스피노자의 <범신론>으로 풀다

츠토무의 친구 지이로는 최근 나쁜 일을 연속으로 겪었다. 그 탓에 지이로는 “세상에 신은 없어. 만약 신이 있다면 이렇게 불행한 일이 연달아 일어났을 리 없다고!”라고 말했다. 이에 대해 츠토무는 신이 존재할 것 같다고 반박하며 이렇게 말했다. “난 무슨 일이 생기면 늘 신에게 빌며 부탁을 하곤 해.” 하지만 지이로는 그럴 리가 없다며 또 다시 응수했다. “아니야. 어째서 나만 이렇게 나쁜 일이 생기는 거지. 신이 있었다면 공평했을 거야.” 여러분은 어떻게 생각하는가? 무심결에 신에게 마음을 기대본 적은 없는가?

신의 존재에 대한 물음은 역사적으로 계속되어왔다. 여러 논증이 있었다. 이를테면 물질보다 상위 것을 거슬러 올라가다보면 신에게 도착할 수 있다는 논증. 그리고 이 세상에 존재하는 것에는 어떤 근거가 필요한데 그 궁극적인 근거는 신밖에 없을 거라는 논증이 그것이다. 네덜란드의 유대계 철학자 스피노자(1632~1677)의 주장도 그중 하나다.

스피노자는 실체론을 주장했다. 실체는 그 자체이므로 존재하기 위해 다른 근거를 필요로 하지 않는다. 그러므로 그 존재는 필히 신을 염두해두지 않으면 안 되는 것이다. 이 때문에 실체 이외의 것들은 유한하고 특수한 존재가 되어버리고 만다. 이들은 자기를 존재 근거로 할 수 없기 때문에 신 없이는 존재할 수 없는 것이다. 즉, 신 이외의 것은 신의 다른 모습에 불과한 것이다. 자연도 그러하다. 신은 자연 안에 존재하고 있는 것이다.

이처럼 모든 것에는 신이 깃들어 있으며 신은 만물의 근원이라고 하는 생각을 〈범신론〉이라고 부른다. 범신론에서 말하는 유일한 실체로서의 신은 자기의 원인일 뿐 아니라 모든 것의 존재 원인이다. 범신론적 신의 개념은 기독교와 이슬람교와 같이 일신교를 믿는 사람들보다 일본인에게 더 쉽게 다가온다. 일본에서는 모든 것에 신이 있다고 믿기 때문이다. 어쩌면 모든 것에 다 신이 깃들어 있다는 범신론은 종교가 없는 사람에게 더 쉽게 받아들여

질지도 모른다. 많은 사람들이 특정한 신을 믿지는 않지만 이 세상에는 위대한 힘을 지닌 존재가 있다고 믿기 때문이다.

그렇다면 이제 질문은 신은 무엇 때문에 존재하냐는 것이다. 만인의 행복을 위해서 존재하는가. 이치상으로는 그럴지도 모르겠다. 신의 위대한 힘에 공포를 느끼기 때문에 우리는 신의 존재를 정립한 것일지도 모른다. 또한 신의 힘을 통해 우리의 운명은 행복하게도 혹은 불행하게도 움직일 수 있다고 믿는다. 신은 그런 연유로 생긴 것이다. 신은 인간 내면의 안녕을 위해 만들어진 허구인지도 모른다. 물론 그렇다고 해도 현실에서 많은 이들이 다 도움을 받았다고 확신할 수는 없다. 100명이 있는데 100명 모두가 행복하게 되는 일은 현실적으로 불가능하다. 또한 누군가의 행복이 누군가의 불행이 되는 경우도 있지 않은가.

그렇다면 앞서 지이로에게 어떤 말을 해주면 좋을까. 두 가지 경우가 있다. 먼저 신이 존재하더라도 모든 사람을 행복하게 해줄 수는 없다고 말하며 단념시키는 것이다. 시이로에게는 조금 허무한 답변일지 모르겠다. 그렇다면 이렇게 말해주면 어떨까. 신은 인생 전체를 행복하게 한다고. 불행이 연달아 찾아올 수도 있지만 행복 역시 연달아 올 수 있기에 불행과 행복은 언젠가는 사라질 것이다. 인생 전체를 바라봐야 하지 않겠는가. 신의 존재 목적은 인생 전체를 통해서야 깨달을 수 있다. 신이 공평하다고 믿는다면 불행 후에 행복이 온다는 믿음을 가질 수 있을 것이다. 실제로 많은 종교에서 이렇게 설교하지 않는가.

24

Q 환경의 문제인가 소질의 문제인가?

: :

A 로크의 <타불라 라사(Tabula Rasa)>로 풀다

사유리와 키요시는 논쟁을 하고 있다. 사유리는 자신은 천재이며 천재는 태어날 때부터 정해진 것이라고 말한다. 그에 반해 키요시는 천재 따위는 없다고 말하며 다만 자신에게는 소질이 있었으나 환경이 좋지 못해서 제대로 빛을 못 보고 있다고 투덜거린다. 환경의 문제인가? 아니면 소질의 문제인가? 여러분은 어떻게 생각하는가?

세상에는 천재라고 불리는 사람들이 있다. 나도 다른 사람들에게 지는 것을 싫어하지만 천재가 있다는 것만큼은 인정한다. 실제 나보다 뛰어나다고 느끼는 사람들을 자주 만나기 때문이다. 하지만 그들의 뛰어남이 타고난 소질이라고 말한다면 선뜻 받아들이긴 어려울 것이다. 이는 뛰어난 이유가 유전이라고 말하는 것과 같기 때문이다. 그렇다면 인간을 뛰어나게 만드는 것은 무엇인가. 타고난 덕일까 아니면 환경 덕일까. 나는 환경 덕이라고 믿는다. 인간은 부단히 공부하고 경험하며 뛰어난 사람이 되는 것이라고.

내 믿음에 근거가 되는 게 영국의 철학자 존 로크(1632~1704)의 〈타불라 라사〉라는 개념이다. 로크는 우선 인간은 태어날 때부터 관념을 갖고 있다는 생득관념론(生得觀念論)을 부정한다. 관념이란 사고의 대상으로서 심상, 즉 무언가를 생각할 때 마음에 품는 것을 말한다. 당시 유럽에서는 인간의 지성은 신에 의해서 주어진다는 생득관념론이 상식이었다. 하지만 로크는 당시의 상식에 반하는 주장을 한다. 인간은 태어날 때 백지 상태의 마음을 갖는다는 지론을 전개한 것이다. 이러한 로크의 백지 상태의 마음을 타불라 라사라고 부른다. 타불라 라사란 라틴어로 '아무것도 씌어 있지 않은 종이'를 의미한다. 말 그대로 백지의 마음인 것이다. 우리는 경험을 통해 얻은 지식을 백지의 마음에 차례차례 써내려간다는 것이다.

무언가를 보고 들은 다음 우리는 그것을 이해하며 우리의 것으로 만들려고 한다. 이는 마음속에 아이디어 수첩을 만들어 글과 그림으로 가득 채우는 과정과 비슷하다. 이렇게 지식은 축적되는 것이다. 물론 축적된 결과를 직접 눈으로 보기는 어렵지만 시험을 통해 실력을 측정할 수는 있을 것이다. 그렇게 되면 자신의 노력을 알 수 있어 동시에 뿌듯함을 느낄 수도 있다.

우리를 현명하게 하는 건 환경에 있는 것 같다. 지식을 쌓은 만큼 더 똑똑해지고 현명해지기 때문이다. 하지만 이에 여전히 동의하지 않고 천재가 되는 건 소질의 문제라고 생각하는 사람도 있을 것이다. 하지만 나는 이를 온전히 받아들일 수는 없다. 소질을 부정하지는 않지만 소질은 어디까지나 작은 씨앗에 불과하다고 생각한다. 그 씨앗을 어떻게 키우느냐가 더 중요하다. 양분이 부족하면 아무리 좋은 씨앗이라고 해도 꽃은 피지 않는다. 역으로 어떠한 씨앗이라도 성성스럽세 키운다면 아름다운 꽃을 피울 수 있는 것이다.

환경이 가장 중요하다. 교육에서도 의욕을 고취하고 창의력을 자극하는 환경이 필요하다. 아무리 똑똑해도 의욕이 없으면 아이는 공부하지 않는다. 의욕은 능력을 넘어선다. 그렇다면 어떻게 의욕을 불러일으킬 수 있을까.

간단하다. 공부를 좋아하게 만들면 된다. 좋아서 하는 사람은 이길 수 없다. 좋아서 하는 사람에게 공부는 공부가 아니라 취미 활동이 될 것이다. 이를 위해 공부를 좋아하게 만들 환경을 조성하는 게 우선이다.

초등학교 1학년 학생이 수학 검정 2급에 합격했다는 뉴스를 본 적이 있다. 고등학교 2학년 수준의 미적분을 막힘없이 푸는 그 아이를 보고 사람들은 천재라고 불렀다. 하지만 그 학생은 수학이 좋다고 말했다. 수학이 좋다고 말할 수 있는 환경을 만든 건 학생의 부모다. 학생에게 수학 문제는 즐거운 마음으로 하는 놀이다. 교육의 목적은 창의력을 자극하는 것이다. 세상에는 우리가 알지 못하는 것이 많은데 알지 못하는 것을 알아내기 위해 창의력은 필수다. 더불어 여행이나 예술 활동을 통해 정서를 발달시키도록 하자.

25

Q 왜 사람은 조용히 있고 싶은가?

∶∶

A 니시다 기타로의 <절대 무(絶對無)>로 풀다

고등학생인 메구미는 늘 누군가와 소란스럽게 떠들지 않고는 못 배기는 수다쟁이다. 하지만 같은 반에는 메구미와 달리 항상 조용한 친구가 있다. 어느 날 메구미는 그 친구에게 "넌 왜 그리 말이 없니?"라고 물어보니 그 친구는 반대로 "너는 조용히 있고 싶은 때는 없어?"라고 되물어왔다. 확실히 가끔은 조용히 있고 싶을 때도 있었던 것 같다. 어째서 사람은 조용히 있고 싶은 것인가?

사람들은 조용히 지내고 싶어 한다. 매일같이 떠들썩하게 일상을 보내다보면 일상에서 벗어나 조용한 곳으로 가고 싶은 욕망이 생기기 때문이다. 나 역시 곰곰이 생각해야 하는 일이 많기 때문에 늘 조용한 시간을 갖고자 노력한다. 조용한 편이 훨씬 집중이 잘 되기 때문이다. 하지만 사람이 조용한 시간과 공간을 찾는 데에는 좀 더 깊이 있는 이유가 있는 것 같다. 일본을 대표하는 철학자 니시다 기타로(1870~1945)의 〈절대 무〉 개념을 근거로 생각해 보자. 니시다는 이른바 교토학파의 창시자로 알려져 있다. 주요 저서로는 메이지 시대의 베스트셀러인 『선(善)의 연구』가 있다. 당시에는 이 책을 사기 위해 사람들이 밤새 서점 앞에 줄을 서 있었다고 한다. 물론 지금은 상상할 수도 없는 일이지만.

이 책에서 니시다는 "의심할래야 의심할 수 없는 직접의 지식"을 추구했다. 이에 대한 답은 주관과 객관이 묻어있지 않은 '순수 경험'에 있다고 한다. 순수 경험이란 경험하기 전의 원래 상태다. 즉, 사물을 의식하기 전의 자각이 없는 느낌이다. 예를 들어 음악이 들리기 시작할 때 '이게 무슨 곡이지?'라고 생각하기 직전의 상태를 말한다. 다시 말해, 듣고 있는 주관인 나〔我〕와 객관인 음악과의 차이를 의식하지 않는 일체인 상태를 말하는 것이다. 니시다는 순수 경험이 나와 타인을 관통하는 통일력(統一力)의 근저

이며, 이는 우주 전체의 통일력과도 그 맥을 같이 한다고 말했다. 순수 경험이 무한하게 존재한다는 의미로 니시다는 '무(無)'라고 표현했다. 니시다가 말하는 선은 이처럼 우주의 통일력인 무와 스스로의 의지를 일치시키는 점을 찾아가는 것이다.

니시다는 그 후 '무(無)'의 개념을 발전시켜, '무의 장소'라는 것을 구상했다. 인간의 의식이 작동한다는 것은 주관이 객관을 받아들이는 것이라고 할 때, 무의 장소란 그 의식이 대상을 표출하는 장소를 말하는 것이다. 따라서 모든 대상을 취하기 위해서는 무한대의 의식이 요구된다는 것이다. 또한 니시다는 무의 장소에 대한 개념을 궁극으로 가져가려고 했다. 즉 무의 장소는 어디까지나 의식에 달려 있으므로 주관적 의식의 범위에 머무른다. 그러므로 자기를 초월하는 '절대 무의 장소'를 제안했다.

그리고 니시다는 『철학의 근본 문제』라는 저서를 쓴 이후 의식이 없는 행위에 착안해 〈절대 무〉의 장소에 대해서도 행위와 연관해 재정의한다. 즉 절대 무의 장소는 환경과 사회와 주체적인 인간 간 상호 교류를 가능케 하는 기능 혹은 매개적인 장소로 변모해간다. 절대 무는 '절대모순적자기동일(絶對矛盾的自己同一)'이라고 난해하게 표현되었다.

하지만 아무리 표현이 어렵게 보이더라도 내용은 간

단할 수 있다. 저 표현을 정리하자면, 특정의 사람과 불특정의 사람, 혹은 하나와 여럿은 각각 절대적으로 모순된 존재라 해도 동일한 장소에서 서로 작용하는 경우가 있다는 것이다. 그게 가능한 이유는 그것들이 절대 무라는 개념에 의해 매개되었기 때문이라는 것이다. 더 간단히 말하면 모순된 것들이 함께 존재할 수 있는 개념상의 공통 토대가 절대 무라고 할 수 있다. 즉 세상에 존재하는 것들은 모두 모순 위에 성립된 것이다. 절대 무는 세상의 토대라고 말할 수 있을지 모른다.

26

Q 왜 나는 사형에 찬성하는가?

::

A 루소의 <일반 의지>로 풀다

미츠오는 사형 제도에 반대한다. 그러던 어느 날 미츠오는 배심원이 되어 사형 결정을 내릴 수 있는 재판에 참석하게 되었다. 피의자는 악랄한 흉악범으로 반성의 기미도 전혀 보이지 않았다. 미츠오는 피의자의 모습에 대단히 분개하며 고민하기 시작했다. '설마 내가 사형 여부를 결정하는 재판에 참석하게 될 줄이야…….' 당신이라면 어떻게 판단하겠는가?

때때로 외국인은 일본의 사형 제도에 놀라곤 한다. 우리는 인간이길 거부한 흉악범에 대해서는 사형을 해야 한다고 생각한다. 때때로 "저 녀석은 사형감이야!"라고 말하는 것처럼. 하지만 세계적으로 지금까지 사형 제도를 유지하고 있는 나라는 미국과 일본뿐이다. 미국에서도 주에 따라 사형을 금지하는 곳도 있다. 국가가 국민의 생명을 빼앗는 것은 좋지 못한 일이다. 국민의 생명을 지키기 위해 존재하는 국가가 역으로 국민의 생명을 빼앗아 간다? 아이러니한 일이다.

사형에 대해 어떻게 이해하면 좋을까. 아마도 사형 제도를 긍정하는 사람들은 나쁜 짓을 한 사람은 절대로 용서할 수 없으며 저지른 죄만큼 죗값을 치러야 한다고 생각할 것이다. 하지만 국가에 의한 살인을 허용하는 그 근거에 대해 물으면 난처한 경우가 많다.

프랑스 사상가 장 자크 루소(1712~1778)의 사회계약설을 살펴보자. 루소는 실제로 사형 제도를 긍정했다. 인간이 태어나는 것은 자유이지만 인간이 사회생활을 시작하면서부터 부자유가 강요된다고 루소는 말했다. 당시는 절대왕정의 시대였기 때문에 인간의 자유를 억압하는 상황을 전복하기 위해 새로운 사회 질서가 요구된다고 생각했다. 이에 루소는 모든 구성원이 국가에 자유를 양도하지만 이는 사실 자유를 보장받기 위한 것이라고 주장했다. 즉, '자연적 자유'를 양도하고 '시민적 자유'를 획득한다는 것이다. 시민법은 타인의 권리를 보장하므로 내게는 제한을 주는 것처럼 보이지만 반대로 내 권리 역시 확실히 보호되는 것이다. 시민 사회에서는 자연적 자유와 시민적 자유가 교환됨으로써 진정한 자유를 얻을 수 있게 된다.

여기서 문제는 저마다 개성을 지닌 사회 구성원을 어떤 방식으로 모을 수 있느냐는 것이다. 루소는 구성원 모두에게는 〈일반 의지〉가 존재한다고 말했다. 일반 의지는 국가를 구성하는 개개인이 자유로운 의사에 합의를 이룬 의지다. 이는 개인의 개별 의지의 단순한 합인 '전체 의지'와는 전혀 다른 것이다. 일반 의지는 다수의 의견을 반영하며 구성원 전원이 공유한 최대공약수적 의지를 가리킨다. 최대공약수적 의지에 의하면 공동체 운영이 가능하다.

그렇다면 사형 제도를 어떻게 바라봐야 할까. 먼저 계약에 의해 자유는 축출될 수 있기에 자연적 자유는 제약을 받는다. 그래서 아무리 사람을 죽이고 싶다는 생각이 들어도 그것은 인정되지 않는다. 공동체의 근간이 흔들리기 때문이다. 국가의 일원인 이상 계약을 위반한 사람은 공공의 적이다. 〈일반 의지〉의 관점에서도 모두가 자신의 생명을 보호하는 건 구성원 모두가 원하는 사항이라고 할 수 있다. 따라서 이에 반하여 타인의 생명을 빼앗는 범죄는 명백한 계약 위반인 셈이다. 계약을 저버린 사람은 배제하는 수밖에 없다. 사형에 준하는 범죄를 범한 사람도 분명 이 부분은 인지하고서도 범죄를 저지른 것이다.

사형 제도가 이론적으로 옳더라도 사형 제도의 실행이 타당한가 아닌가는 또 별개의 문제다. 선진국에서는 기본적으로 사형 제도를 폐지하고 있다. 인류는 사형을 없애는 방향으로 나아가고 있는 것이다. 그것이 진보라고 생각하기 때문이다. 이 때문에 사형을 유지한다는 것 자체가 어딘지 뒤떨어진 느낌이 들기도 한다. 하지만 꼭 그렇지는 않을 것이다. 사형 제도를 없애는 건 이성이 아니라 감성에 따른 결정일 수 있다. 나는 사형을 존속시킨다고 해서 진보에서 멀어지는 건 아니라고 생각한다.

27

Q 나는 누구인가?

: :

A 프로이트의 <무의식>으로 풀다

유타는 꿈을 자주 꾼다. 긴 시간 동안 잠을 잘 경우에는 꿈과 현실을 구분할 수 없을 정도로 몽롱한 상태로 아침을 맞이하곤 한다. 그러던 어느 날 유타는 갑자기 이런 생각이 들었다. 꿈속의 세계와 견주어 이곳의 내가 진짜라고 어떻게 말할 수 있는가? 당신은 어떻게 생각하는지?

"그때는 ~라고 말했죠?" 나는 때때로 다른 사람들로부터 무슨 말을 했다는 소리를 듣고 깜짝 놀랄 때가 있다. 대부분 사소한 것이라 전혀 기억이 나지 않는데도 그런 말을 들으면 당황스럽다. 평소 내 생각과 비슷해서 분명 내가 말한 건 맞는 것 같은데 기억이 나지는 않는 것이다. 술에 취했었나? 건망증이 심해진 것인가? 꼭 그런 것만은 아니고 단순히 무의식적으로 한 행동일 가능성이 크다.

무의식에 의해 어떤 행동을 한다는 사실을 알게 되면 다소 충격을 받는 사람도 있다. 몽유병에 걸린 사람이 자신이 찍힌 영상을 봤을 때 받는 충격과 비슷하다고나 할까. 무의식적 행동은 비정상적인인가. 그렇지는 않다. 정도의 차이는 있을 뿐 누구라도 무의식적으로 행동한다. 이 모습을 최초로 지적한 사람이 정신분석학의 아버지 지그문트 프로이트(1856~1939)다. 프로이트는 마음의 구조를 밝힌 사람이었다.

프로이트에 따르면 마음은 세 가지 요소로 구성되어 있다. 충동(이드), 자아(에고), 초자아(슈퍼에고)가 그것이다. 인간 내면에는 성적 에너지(리비도)라 불리는 충동이 있다. 이는 독일어로 Es(에스), 라틴어로 Id(이드)라고 하며, 무의식의 심적 에너지를 가리키는 말이다. 초자아는 부모의 도덕적 측면이 자식의 심적 장치 안에 내재화된 것이라고 말할 수 있다. 즉, 부모에게서 물려받은 억압이 내재화하면서 초자아는 형성된다. '~해서는 안 된다'처럼 금지형으로 나타나며 선악을 가르는 기능을 한다. 이처럼 충동으로서의 이드와 규범의식으로서의 초자아는 늘 대립한다. 그리고 그 사이에서 자아는 그 둘을 조절하는 역할을 한다. 충동과 초자아의 틈새에서 대립을 조율하거나 저지하는 기능을 하며 서서히 발달해나가는 것이다.

〈무의식〉은 곧 나의 욕망이며 항상 통제되고 있다. 하지만 때때로 욕망이 밖으로 분출되는 경우도 있다. 나도 모르게 본심을 드러내는 것처럼. 속으로 싫어하던 사람이 이야깃거리에 오르는 순간 나도 모르게 악담을 해버리는 것처럼 말이다. 의도한 건 아니지만 어쩌다보니 그렇게 돼버린 것. 그건 무의식의 욕망이 한 짓일지도 모른다. 진심은 무의식 안에 잠재되어 있기 때문이다. 가끔 자신이 진정으로 하고 싶은 게 무엇인지 모르겠다는 사람을 볼 수 있는데, 정말로 그게 궁금하다면 지인이나 멘토에게 물어보는 것보다 자기 자신에게 반문하는 것이 답을 구하는 지름길일 테다.

무의식은 밖으로 자유롭게 표출될 수는 없다. 그러므로 무의식은 꿈을 통해 나타난다고 프로이트는 말했다. 어떤 꿈을 자주 꾼다면 그건 자신의 욕망을 암시하는 것일 테다. 나는 하늘을 나는 꿈을 자주 꾸는데 이 또한 무언가를 표출하고 싶은 욕망을 반영한 게 아닌가 싶다. 아마도 누구나 특별한 재능을 갖거나 더 높은 위치로 올라가고 싶은 욕망을 지닌 적이 있을 것이다. 저급하게 비칠지 모르겠으나 인간으로서는 당연한 욕망이다. 이런 욕망에 대해서 내 무의식을 탓할 수도 없는 노릇이다.

프로이트는 그 무의식 또한 자기 자신이라고 말한다. 나라는 존재는 의식과 무의식의 집합체에 불과하다. 꽤 애매모호하고 때론 제어하기 어려운 존재라는 의미일 터. 중요한 건 내 존재를 과신하지 않는 것이다. 무의식적 측면을 그대로 받아들여 진정한 나와 마주하자.

28

Q 왜 시체를 볼 기회가 없는 것인가?

: :

A 바타유의 <비(非)-지(知)의 밤〔夜〕>으로 풀다

나미는 초등학교 6학년이다. 며칠 전 할머니가 돌아가셔서 장례식에 참석했다. 하지만 나미는 할머니의 마지막 모습을 볼 수 없었다. 죽은 할머니의 모습을 보는 것이 너무 두려웠기 때문이다. 슬픔보다 두려움이 더 컸던 것이다. 생각해보면 요즘의 아이들은 동물의 사체도 제대로 볼 기회가 없다. 어쩔 수 없는 일이라 생각한다. 왜 세상에는 시체를 볼 기회가 별로 없는 것일까?

뉴스를 통해 전쟁 보도를 접해도 왠지 전쟁에 대한 실감이 좀처럼 느껴지지 않는다. 그저 영화 속 한 장면처럼 보이기도 한다. 아마도 신문과 뉴스 보도 장면에서는 부서진 건물의 잔해는 볼 수 있어도 시체는 전혀 볼 수 없기 때문일지도 모른다. 건물은 포탄에 맞아 부서졌을 것이고 당연히 많은 사람들이 부상을 입거나 목숨을 잃었을 것이다. 그럼에도 영상에서는 시체를 단 한 구도 찾아볼 수 없다.

조금 이상하다는 생각이 든다. 물론 시청자를 배려해서 일부러 그랬을 테지만. 신문과 텔레비전뿐 아니라 일상에서도 좀처럼 시체를 볼 일은 없다. 로드킬을 당한 동물의 사체 정도만 도로 위에서 눈에 띌 뿐이다. 이에 대해 참고할 개념이 있다. 프랑스의 사상가 조르주 바타유(1897~1962)의 〈비-지의 밤〉이라는 개념이다.

바타유의 사상은 스페인 문화, 라틴어(구어), 유머, 신비주의, 혁명 등 실로 다양한 모습으로 표현되어 왔다. 이들 공통점은 당시에는 폭넓게 수용되지 않은 개념들이라는 것이다. 스페인은 당시 서구권이 아닌 비유럽으로 분류되어 있었으며 라틴어(구어)는 소멸해가는 언어였다. 또 유머는 이치와 논리로부터 일탈된 언어였고 신비주의와 혁명은 일반적인 상태가 아니라 예외적인 사태에 지나지 않았다. 바타유는 한때 초현실주의와 공산주의에도 관심을 가진 적이 있었다. 그는 여러모로 당시 주류와는 대립각을 세웠다.

바타유는 헤겔과 니체로부터 강한 영향을 받았지만 이들을 일반적인 이해를 통해 받아들이지는 않았다. 가령 헤겔은 본래 이성주의의 대왕 같은 존재이므로 비이성을 중시하는 바타유가 정반대에 위치했을 거라고 추측할 수 있겠지만 바타유는 헤겔의 이론에서조차 비이성의 본질을 찾으려고 했다. 이처럼 철저히 일탈을 일삼는 것이 바타유의 매력인 것이다. 그리고 그는 기존의 것을 대체하여 자신의 사상을 표현할 개념을 적극적으로 생산해냈다. '저급한 유물론', '성스러운 것', '행운으로의 의지', '비-지의 밤' 등이 그것이다.

'저급한 유물론'은 관념적인 것보다는 물질적인 것을 중요시했다는 점에서는 유물론과 큰 차이는 없다. 다만 고정관념에 집착하지 않고 저급하고 이질적이고 터부시된 것에 관심을 기울였다. 바타유는 도살된 동물이나 기형인 갓난아이, 해골이 있는 지하 성당과 같은 그림을 잡지에 싣곤 했다.

그리고 이것들은 '성스러운 것'이라는 개념으로 이어진다. 바타유가 볼 때 성스러운 것은 물질 자체가 아니라 이질적인 것을 보았을 때 느끼는 감정, 그러니까 공포감이나 즐거움을 이른다. 바타유는 이 감각을 중시했으며 그것이야말로 인간적인 감각이라고 생각했다. 게다가 이 감각은 언제 생길지 알 수 없다. 우연에 따라 내맡겨지는 법이다.

이는 '행운으로의 의지'라는 개념으로 연결된다. '행운으로의 의지'는 니체가 말하는 '힘으로의 의지'와 같이 필연적인 것이 아니라 우연에 따라 일어난 힘이다.

그리고 그 극한에 있는 것이 〈비-지의 밤〉이다. 서구 근대 이성에 의한 철학과는 대조적으로 비-지의 밤은 비이성적인 형태의 사고라고 말할 수 있다. 이러한 사고는 목적이 없는 상태에서 불연속적이고 순간적으로 떠오른다. 이는 자율성을 되찾으며 이성의 속박으로 해방되어 본래의 모습으로 회귀하는 것이다.

시체는 흉측하고 비이성적인 것이다. 그렇기에 숨기려 한다. 하지만 시체를 감추기만 해서는 올바른 사고를 할 수 없다. 시체가 없는 세상은 부자연스럽다. 보고 싶지 않다고 해서 고개를 돌리는 게 꼭 좋은 것만은 아니다.

29

Q 왜 저 사람과는 대화가 안 될까?

::

A 비트겐슈타인의 <언어 게임>으로 풀다

하루오는 점심시간에 선생님에게 불려갔다. 선생님은 단단히 화가 난 모습이었다. “너 왜 그래?”라고 선생님이 말했다. 하루오는 무슨 뜻인지 몰라서 조금 당황했는데 그러자 선생님은 “하루오, 너 그러면 안 돼!”라며 더 강한 어조로 꾸짖었다. 하루오는 여전히 어리둥절하여 선생님께 왜 그러시냐고 여쭈었다. 선생님은 그제야 “너는 학급 위원이면서 지각을 하면 어떻게 하니!”라고 이유를 말했다. 하루오는 속으로 진작 그렇게 말하시면 될 걸 왜 돌려 이야기하는지 모르겠다고 고개를 갸웃했다.

학교에서 쉬는 시간이나 점심시간에 보면 느끼는 것이지만 사람들은 식사를 하거나 이야기를 나눌 때 그룹으로 나뉘어 모이는 경향이 있다. 물론 현실적으로 모든 사람들이 함께 이야기한다는 게 불가능하니까 서로 잘 맞고 통하는 사람들과 모여 대화를 나누는 걸 선호하기 때문일 것이다.

말이 통하지 않는 사람과 나누는 대화만큼 고역인 것도 없다. 반면 잘 통하는 사람과는 전혀 대화를 나누지 않더라도 몇 시간이고 같이 있을 수 있다. 오래된 부부처럼 서로가 서로의 상태를 잘 알기 때문이다. 하지만 말이 통하지 않는 사람과는 일분일초도 같이 있고 싶지 않다. 아무리 공을 들여도 허사라는 걸 알기 때문이다. 누구나 한 번쯤은 겪어본 일일 테다. 그리고 우리는 서로 맞지 않는 사이라는 걸 몇 번의 대화만으로도 곧바로 느낄 수 있다.

심지어 대화를 하지 않고도 깨닫는 경우가 있다. 누군가와는 대화가 잘되고 또 누군가와는 대화가 잘 안된다는 건 참 불가사의한 일이다. 단순히 생각해볼 때 문법과 단어만 옳게 사용하여 표현하면 충분한 게 대화인데 말이다. 이에 대해서는 오스트리아 출신의 철학자 루드비히 비트겐슈타인(1889~1951)의 언어 철학을 참고해보자.

비트겐슈타인은 언어가 사용되는 방식에 대해 연구했는데, 언어를 주고받는 법칙을 일컬어 〈언어 게임〉이라고 불렀다. 언어 게임에 따르면 우리는 일상생활에서 언어를 교환하며 그 의미를 해석하는 게임을 이행하고 있다. 언어 캐치플레이라고 할 수 있을 것이다. 그리고 그 게임의 룰은 장소와 상황에 의해 결정된다. 언어 활동은 생활의 각 장면에 따라 이루어지는 것이기 때문이다. 비트겐슈타인은 이렇게 예를 들었다. '다섯 개의 빨간 사과'라고 쓴 메모를 건넨 후 물건을 사오라고 지시하자. 그때 우리는 메모를 읽은 가게 주인이 '사과'라고 적힌 상자를 열고 '빨간'과 일치하는 색을 찾아 '다섯 개'의 숫자를 헤아리는 장면을 전제하며 상상할 것이다. '다섯 개의 빨간 사과'라는 메모를 주고 실제로 다섯 개의 빨간 사과를 얻기 위해서 이런 전제는 필수불가결한 것이다.

문제는 생활 속에서 단어들이 어떻게 사용되고 있는가이다. 비트겐슈타인은 이 문제에 주목했다. 언어 게임의 언어는 '생활 형식'이라고도 말할 수 있다. 즉 언어 게임의 언어는 자신만 이해하는 사적 언어가 아니다. 사적 언어는 말하는 당사자만 아는 언어로 누구도 이해할 수 없는 단순한 음성에 지나지 않는데, 의사소통이 불가능한 언어는 별 의미를 갖지 못한다. 의사소통을 할 때 문제는 룰을 공유하기가 힘든 때가 있다는 것이다. 다섯 개라는 숫자에 대해서는 공통된 인식이 있어서 수월하게 공유될지 모른다. 하지만 빨강이라는 색은 다소 혼란의 여지를 준다. 빨간색은 범위가 넓고 보는 사람에 따라 느낌이 달라서 오렌지색이나 주홍색을 빨강으로 인식할지도 모를 일이다.

인간의 감각을 말을 통해 완전히 공유하는 건 불가능할지도 모른다. 설문조사에서 "그저 그렇다"라는 항목을 읽고 망설인 적이 있다. 이처럼 일상 언어는 애매한 경우가 많다. 말로 인해서 오해와 문제가 생긴다. 이를 피하기 위해서 대화는 언어 게임이라는 사실을 인지할 필요가 있다. 말을 주고받는 걸 게임이라고 여기며 룰을 익혀야 한다. 그래야 대화를 나눌 때 오해를 줄일 수 있다.

그 룰이 엄격하게 유지되는 곳이 법률의 세계다. 법률은 문어체로 되어 있다. 엄밀하게 해석되기 위해서다. 서로의 이해가 달라지면 의미 또한 달라질 수 있기 때문이다. 우리는 일상적으로 사용하는 말에 조금 더 주의를 기울일 필요가 있다. 메일이나 SNS를 사용할 때 특히 그렇다. 대면하지 않으니 쓸데없는 오해가 발생할 수 있기 때문이다. 만나서 이야기하지 못할 경우 언어의 뉘앙스를 고려하는 데 더 공을 들여야 할 것이다.

30

Q 왜 아이들은 공부하지 않는가?

: :

A 하이데거의 <근원적 시간>으로 풀다

중학생인 코이치는 아빠가 주말에 대학원에 다니는 것을 이해할 수가 없다. 어째서 졸업한 후 심지어 직장을 다니면서도 또 공부를 하는 것일까. 코이치는 시간을 좀 더 자유롭고 유익하게 보내고 싶어 한다. 그래서 학원도 다니지 않는다. 코이치와 아빠의 차이점은 무엇이라고 생각하는가?

아이들은 노는 걸 좋아한다. 노는 것이야말로 아이들의 '일'이라고 말해도 좋을 것이다. 중학생 아들이 부모에게 "놀다오겠습니다"라고 말해도 전혀 이상하지 않다. 한편 부모는 아이에게 공부하라며 좀 더 집에 붙잡아두고 싶지만 뜻대로 되지는 않는다. 아이들은 한시라도 빨리 집밖으로 나가 뛰놀고 싶기 때문이다. 하지만 아이들을 마냥 놀게 놔둘 수는 없는 것이다. 어릴 때 공부는 중요하니까. 그래서 어느 집에서나 '공부 좀 하라'는 부모의 말과 '나중에 할게요'라는 아이의 말이 자주 들린다. 물론 아이들도 공부를 해야만 한다는 걸 잘 알고 있다. 성인이 된 후 사회에 나가 살아남기 위해서는 공부가 필요하다는 걸 충분히 깨닫고 있다.

그런데 왜 공부를 안 하는 것일까. 아이들은 아직 시간이 많이 남아 있다고 생각하기 때문이다. 즉, 아이들이 공부를 하지 않는 이유 중 하나는 시간을 대할 때 초조함이 없기 때문이다. 시간의 유한성을 아직 인식하지 못한다는 것이다. 이 문제에 대해 독일의 철학자 마르틴 하이데거(1889~1976)의 사상을 바탕으로 생각해보자.

하이데거는 죽음이라는 문제에 대해 전향적인 답을 제시한 사상가다. 인간은 누구나 죽음이라는 근본적인 불안을 안고 살아간다. 하지만 하이데거는 이 불안을 '선구적 결의성'으로 전환하고자 했다. 선구적 결의성이란 결국에는 죽을 것이라는 자각이 인생을 어떻게 살 것인지 진지하게 생각하게 하며 인생 앞에 펼쳐진 여러 가능성을 이해하고 받아들이게 한다는 것이다.

하이데거는 인간을 시간 속에 두어 탄생과 죽음 사이 놓인 존재의 유한성을 인식시키려 했다. 이로 인해 인간은 죽음의 가능성을 염두에 두고도 이를 극복하려 자신의 전부를 던져 죽음과 맞서게 된다. 다른 가능성들에 투신하고 결의를 다지며 스스로 강해지는 것이다. 즉, 인간은 시간의 유한성을 자각할 때에야 죽음을 앞두고 있는 존재로서 대리 불가능하며 고유한 생을 살아가게 된다.

누구라도 죽음을 의식하면 최선을 다해 살아가고자 한다. 그 모습이야말로 인간의 본 모습이라 할 수 있다. 이렇듯 하이데거는 죽음을 유한한 삶을 의식하기 위한 계기로 삼으며 긍정적으로 인식했다. 이 때문에 그는 죽음의 철학자라고 불리지만 그 의미는 결코 부정적인 것이 아니다. 오히려 충실하고 충만하게 시간을 살고자 설득하는 것이다. 그러므로 하이데거를 충실한 삶을 위한 철학자라고 부르는 게 더 적합할 듯하다.

이제 처음으로 다시 돌아가서 생각해보자. 아이들은 하이데거처럼 죽음을 의식하지는 않는다. 어쩌면 인생이 영원히 지속된다고 생각할지 모른다. 그에 비하면 어른은 하이데거가 말하듯 죽음을 의식한다. 나이가 들수록 죽음은 더욱 현실로 다가오는 것이다. 그렇기에 남은 시간을 소중하고 가치 있게 보내고자 더 열심히 공부를 하는 것이다.

나도 그렇다. 해가 바뀔 때마다 공부에 대한 열의가 높아진다. 실제로 매년 더욱 공부에 매진한다. 하지만 나이를 먹으니 머리는 예전처럼 돌아가지 않고 시간은 점점 줄어든다. 어렸을 때부터 공부를 더 열심히 해두었다면 좋았겠지만 그게 쉽지는 않았을 것이다.

아이들에게 죽음에 대한 이야기를 꺼내는 건 좋지 않다. 하지만 꼭 그럴까. 후회 없는 삶을 살도록 가르치기 위해 인생의 유한성과 시간의 소중함을 느끼게 해줄 필요도 있을 것이다. 나한테는 어렸을 때 그렇게 말해준 사람이 있었다. 감사할 일이다. 아마 좀 더 일찍 시간이 소중하다는 걸 느끼고 공부에 매진했다면 지금보다도 훨씬 더 똑똑한 사람이 되어 있지 않았을까.

31

Q 매스컴은 권력인가?

: :

A 푸코의 <권력론>으로 풀다

켄시로는 폭력사건에 연루된 아이돌이 마치 극악한 인물인 것처럼 보도된 것을 보고 깜짝 놀랐다. 어제만 해도 스타로서의 입지를 굳히며 승승장구하던 그가 오늘은 마치 인간 말종인 것처럼 취급되고 있었기 때문이다. 물론 그 아이돌이 나쁜 짓을 한 것은 사실이지만 뉴스는 이를 지나치게 과장해서 보도하고 있었다. 또한 그 아이돌에 대한 비난 또한 무서울 정도로 빗발쳤다. 그러자 이게 매스컴의 힘인가 생각하며 등골이 오싹해졌다. 매스컴은 힘이 세다. 당신은 매스컴 때문에 위화감을 느낀 적은 없는가.

매스컴을 '제4의 권력'이라 한다. 일반적으로 권력이란 강제하고 복종시키는 힘이다. 일본에서는 국회, 내각, 사법기관이 권력 기관일 텐데 여기에 매스컴이 더해져 '제4의 권력'이라고 불리는 것이다. 매스컴의 권력을 어떻게 생각해야 하나. 국가 기관이 국민을 강제하는 힘을 지닌 것에는 이해가 간다. 국가에 권력이 없다면 국가 운영이 불가능하기 때문이다. 하지만 매스컴은 국가 기관이 아니면서 이에 버금가는 힘을 지니고 있는 것이다.

이를 테면 매스컴의 스캔들 기사 하나만으로도 유력 정치인은 사퇴해야 하는 상황이다. 국가 정치에 큰 영향을 끼칠 수 있는 것이다. 때론 텔레비전에서 특정 정치인을 미화해서 그 정치인의 인기가 높아져 정치적 영향력이 커지는 경우도 있다. 물론 그 반대의 경우도. 그러므로 정치인들은 매스컴을 두려워한다. 정치인만 그런 게 아니다. 일반인도 매스컴의 영향력에서 자유롭지 않다. 우연한 계기로 이름을 오르내리게 되면 사생활 침해는 물론 가족과 지인마저 피해를 입을 수 있다.

매스컴은 어떻게 이런 힘을 가질 수 있었을까. 프랑스의 현대 사상가 미셸 푸코(1926~1984)의 〈권력론〉을 들여다보자. 아마 파놉티콘(Panopticon) 개념을 예로 들어 설명하는 게 가장 쉬울 것이다. 파놉티콘은 영국의 공리주의자 제러미 벤담이 고안한 감옥 건축 양식으로 '일망 감시장치(一望監視裝置)'다. 즉, 중앙에는 감시탑이 있고 그 주위로 원형의 독방을 배치하는 형태다. 감시탑에서는 독방 수감자의 움직임을 알 수 있지만 수감자는 감시탑의 교도관이 무엇을 하는지 알 수 없는 구조다. 여기에는 감시하는 자와 감시받는 자 사이의 불균형이 확연이 존재하는데 이 불균형이야말로 권력을 상징하는 것이다. 한 쪽에 다른 쪽이 완전히 종속되어 있는 구조. 파놉티콘의 구조 안에서 수감자는 늘 교도관을 의식하며 순종한다. 그리고 권력은 수감자에게 깊숙이 내면화되어간다. 즉, 권력은 익명적인 존재이므로 보다 교묘하고 정밀한 효과를 발휘하는 것이다. 푸코는 이 파놉티콘의 원리에서 보이는 권력 작용을 단순히 감옥에 국한하지 않고 근대 사회 구석구석에까지 영향을 미치고 있다고 주장한다.

매스컴도 마찬가지다. 매스컴은 언제나 우리를 보고 있다. 하지만 그 모습을 드러내지 않는다. 어디에 있는지 알 수가 없다. 하지만 우리가 어딘지 눈에 띄는 행동을 하면 홀연히 나타나 우리를 옭아맨다. 그래서 우리는 매스컴의 힘 앞에서 작아질 수밖에 없는 것이다.

그래도 일반인은 덜한 편이지만 정치인이나 연예인의 경우 파놉티콘처럼 늘 보이지 않는 감시를 당하게 된다. 유명인의 사진이 파파라치에 찍혀 떠돌아다니는 것을 보면 그들이 사생활을 지켜내기 위해 할 수 있는 최선의 방법이란 선글라스를 쓰거나 집에서 머무는 것뿐인 것 같다. 거의 저항할 수 없는 수준이다. 오히려 국가 권력에 저항하는 편이 승산이 있을 정도다. 조직적으로 저항할 수 있기 때문이다. 국가 권력에 저항할 수 없는 곳은 독재국가이니까. 그에 비해 매스컴 권력에 대항할 수단은 거의 없는 것 같다. 어쩌면 매스컴 권력이 국가 권력보다 더 무서울지 모르겠다.

32

Q 포기하는 것도 중요하다는 말은 진실일까?

: :

A 쇼펜하우어의 <의지와 표상>으로 풀다

나츠오는 프로 복서가 되고 싶어 한다. 벌써 몇 번이나 프로 테스트에 도전을 했다. 이 때문에 회사도 그만두고 아르바이트를 하며 열심히 운동에 매진하고 있다. 하지만 서른 살이 되니 나이 탓에 한계에 도달한 것 같기도 하다. 주위 사람들도 그만 단념하라고 아우성이다. 하지만 나츠오는 포기하고 싶지 않다. 오랫동안 사귄 연인은 나츠오에게 더 이상 참을 수는 없다고 말한다. 나츠오는 어떻게 해야 할까.

2020년에 도쿄에서 올림픽이 개최된다. 이 때문인지 프로나 아마추어에 관계없이 모든 종목의 스포츠 선수들에게 관심이 쏟아지고 있다. 스포츠는 끈기가 가장 중요한 것 같다. 나는 본격적으로 운동을 한 적이 없었기 때문에 그리 실감하지는 못하지만 운동선수에게 정신력이 중요하다는 이야기는 많이 들었다. 때론 실력이 부족한 선수가 포기하지 않는 정신력으로 더 뛰어난 선수를 이기는 장면을 보기도 한다.

하지만 포기하는 건 나쁘기만 한 걸까. 때론 포기도 필요한 게 아닐까. 내 경우 스포츠는 아니지만 한 번 포기한 덕에 성공한 경험이 있다. 바로 사법 시험에서였다. 당시 사법시험은 합격률 2%대로 경쟁이 치열한 시험이었다. 상상하기 어려운 암기 분량과 짧은 시간 내에 논리적으로 풀어야 하는 문제 유형만 봐도 나와는 맞지 않는 시험이었다. 나는 사법 시험을 포기했다. 우여곡절 끝에 나에게 맞는, 그러니까 차분히 생각하여 독창적인 사유를 이끌어내는 학문인 철학으로 전향한 것이다. 그리고 아직까지는 성공적이다. 물론 철학을 공부하면서 벽에 부딪힌 적도 있었지만 끈기 있게 매진했다. 인생에는 끈기가 필요할 때도 포기가 필요할 때도 있는 것이다. 포기하는 것도 중요하다는 말이 괜히 생긴 건 아니다.

포기하지 않는다면 인간은 계속해서 고통스러울 것

이다. 이에 대해 독일의 철학자 아르투르 쇼펜하우어(1788~1860)는 〈의지와 표상〉이라는 개념을 정립했다. 이때 쇼펜하우어가 말하는 의지는 이성적인 의지가 아니라 이성과는 상관없는 신체 활동을 통한 '생(生)으로서의 의지'를 말한다. 이 '생으로서의 의지'가 '표상으로서의 세계'를 실현한다는 것이다. 생으로서의 의지는 어떤 근거나 목적도 없는 맹목적인 의지이기 때문에 인간에게는 제한할 수 없는 것이다. 인간의 욕망은 만족에 다다를 수 없으므로 생은 늘 고통스러운 것이다. 그렇다면 인간은 어떻게 고통으로부터 벗어날 수 있다는 것인가.

이에 접근하기 위해 쇼펜하우어는 먼저 이데아와 예술의 관계에 대해 이야기한다. 이데아란 플라톤이 말한 이상적인 세계다. 예술로써 시간과 공간 그리고 인과율을 초월하여 이데아를 직관할 수 있다고 말한다.

특히 음악은 의지 그 자체를 묘사하기에 예술의 최고 형태다. 이러한 예술을 통해 인간은 주관과 객관을 배제하며 의지의 욕망 전체로부터 해방될 수 있으므로 해탈을 얻는다고 쇼펜하우어는 주장했다.

하지만 예술에 의한 해탈은 드물게 일어나며 일시적인 것이다. 이 때문에 도덕에 의한 해탈이 대안으로 나오게 된다. 도덕에 의한 해탈은 일시적이지 않고 항상적이기 때문이다. 생이 고통이라는 말은 생의 일부라 할 수 있는 도덕이 타인과 괴로움을 함께한다는 의미다. 이는 동정하는 마음이다. 인간은 동정하면서 다른 이의 괴로움을 이해하고자 한다.

사실 동정은 타인에게 할 수 있는 최선의 도리다. 그런 의미에서 생존의 고통에서 궁극적으로 해탈할 수는 없다. 근본적으로 '생으로의 의지' 그 자체를 부정할 수밖에 없다.

그래서 쇼펜하우어는 이를 뛰어넘는 개념을 찾았는데 그것은 '금욕'이었다. 여기서 금욕은 불가(佛家)에서 말하는 종교적 의미의 체념과 흡사하다. 의지를 포기하는 금욕적 부정이야말로 고뇌로부터 결정적으로 해방시키는 것이다. 모든 것을 내려놓는 게 금욕의 근간이기 때문이다.

포기를 하는 건 무언가를 잃는 게 아니다. 포기는 적극적인 태도라고 할 수 있다. 더 나은 인생을 택하기 위해 포기하는 것. 그러니 무언가에 얽매여 괴롭다면 순순히 포기해야 한다. 다음 무대가 당신을 기다리고 있을지 모르니까.

33

Q 지레 짐작하여 잃는 것은?

: :

A 후설의 <판단 중지>로 풀다

미오는 중요한 전화를 기다렸다. 마침내 벨이 울리자 미오는 황급히 전화를 받는다. 상대방이 "여보세요. 미오씨입니까?" 라고 말을 다 끝마치기도 전에 미오는 그렇다고 대답한다. 상대방은 다시 말했다. "투자■ 건으로……." 그러자 이번에도 말이 마치기 전에 '나이'를 묻는 줄 알고 18세라고 대답했다. 상대방은 그걸 듣고 '18만 엔'이라고 생각하게 되었다. 어째서 이런 우스꽝스러운 상황이 벌어지게 된 것일까.

■일본어로 '투자'는 '토오시', '나이'는 '토시'로 발음된다.

불통(不通)은 왜 일어나는가. 미오의 경우는 극단적인 사례일 테지만 이와 비슷한 상황은 흔히 일어난다. 지레 짐작하여 생기는 오해와 혼선. 나 역시 급하게 서두르다가 실수를 해서 곤란에 빠진 적이 많다. 나뿐만 아니라 다른 사람들도 마찬가지일 것이다. 어렸을 때에도 매사에 신중하라는 꾸지람을 듣곤 했다.

사실 차근차근 잘 생각해보면 사전에 막을 수 있는 실수가 대부분이다. 단순한 계산 착오에서 교통사고까지. '한 발짝 떨어져서' 생각하고 행동하면 일어나지 않았을 일이다. 왜 그러지 못했을까. 어느 정도 시간 여유가 있었다면 한 발짝 떨어져서 생각해볼 수도 있었을 텐데. 대부분의 경우 시간에 쫓겼기에 벌어진 일이다. 이런 실수를 저지르지 않기 위해 방법을 찾아야 할 것 같다. 잠시 나와 떨어져서 나를 바라보는 일을 생활화해보는 것이다. 마치 야구선수들이 타석 앞에서 배트를 들고 잠시 공에 집중하는 것처럼.

오스트리아의 철학자 에드문트 후설(1859~1938)은 〈판단 중지(에포케)〉라는 개념을 사유했다. 에포케는 '중지(中止)'를 의미하는 그리스어에서 유래했는데 고대 그리스의 철학자 피론(B.C.360?~B.C.270?)이 최초로 이 말을 사용했다고 전해진다. 그에 따르면 진리를 탐구하기 위해서는 단정하는 걸 피하고 일단 판단을 중지해야 한다는 것이다. 후설은 이 발상을 현상학에 응용했다. 그러니 판단 중지는 현상학의 방법론 중 하나인 것이다. 현상학에서는 일견 당연하게 여겨지는 사실을 괄호(括弧)—객관과 주관을 분리하기 위해 괄호 안에 넣은 판단 중지의 상태—에 넣었다. 개념이라는 추상적인 존재에 대해서는 단순히 습관에 의존해서 판단하면 안 되는데 그렇기에 판단 중지가 필요한 것이다. 즉 우리가 일상적으로 여기 있다고 확신하는 존재는 자연적 태도가 낳은 이미지에 지나지 않는 것으로 여기고, 일단 '괄호 속에 넣어둔다'는 의미다.

그렇게 괄호 안에 들어간 세계는 의식이 순수하게 받아들여 물질의 본질을 탐구하게 한다. 이 행위는 상식을 의심하게 하는데 이것이 곧 판단을 중지한다는 말이다. 그리고 의식 속에서 자연스럽게 나타나는 것만을 표현하고자 한다. 즉 의식 중심의 기술이 된다. 이것이 현상학적 환원이라 불리는 과정이다. 이 과정을 거쳐 나의 의식과 외부의 세계가 연계되어 진리를 찾을 수 있다. 이를 실천하기 위해서는 구체적으로 자신의 행동과 말을 괄호로 묶는다는 이미지를 머릿속에 그려둘 필요가 있다. 인간은 시각적인 동물이기에 이 작업을 습관화하면 곧 익숙해지기 때문이다. 그러면 무언가를 서둘러서 발생하는 일상의 실수도 예방할 수 있을 뿐 아니라 사물의 본질을 볼 수도 있을 것이다. 곰곰이 생각하면서 사건의 표면 속에 자리

한 본질까지 발견할 가능성이 있다.

특히 화가 났을 때 나는 이 방법을 실천하려고 한다. 화가 나면 경솔한 행동을 하게 될 가능성이 커지므로 우선 사태를 냉정하게 직시할 수 있도록 괄호 속에 넣고 숙고하는 것이다. 그러면 사태의 본질은 명확해지며 화는 사라지게 된다. 만약 이 과정을 거치지 않는다면 아마도 불필요한 분쟁이 많이 발생했을 것이다. 덕분에 좋은 인간관계까지 유지할 수 있는 것이다. 신속하게 판단하고 처리하는 것. 어딘지 멋져 보이기도 하지만 느리더라도 한 번 더 생각하는 '괄호에 넣는 습관'이야말로 최종적으로 더 나은 태도일 수 있다.

34

Q 인터넷 안은 무엇으로 이루어져 있는가?

::

A 들뢰즈의 <리좀(Rhizome)>으로 풀다

모에의 할머니는 손자가 컴퓨터를 몇 시간째 하고 있자 이렇게 물었다. "컴퓨터 앞에 앉아서 뭘 하는 거니?" 모에는 웹 서핑을 하거나 친구들과 채팅을 한다고 대답했다. 할머니는 가뜩이나 컴퓨터에 대해서는 아는 게 전혀 없었는데 모에의 대답을 듣고는 더 오리무중 상태에 빠졌다. 할머니는 모에에게 다시 물었다. "대체 그 물건 안에는 뭐가 들어 있는 거니?" 모에는 질문을 듣고 말문이 막혔다. 그렇네. 컴퓨터와 인터넷 안에는 도대체 뭐가 들어 있는 걸까.

1990년대에 세계는 인터넷의 영향으로 급격한 변화를 맞이했다. 이전에는 미처 알 수 없었던 세계 곳곳의 정보도 순식간에 접할 수 있게 되었으며 메일을 이용해 다른 나라에 있는 사람들과도 대화를 할 수 있게 되었다. 인터넷을 통해 세계는 물리적으로 연결된 것이다.

재미있는 것은 세계가 하나로 연결되자 다양한 효과가 나타났다는 것이다. 국경을 넘어서 생각지도 못해본 사람들과 만나 연대가 가능해진 것이다. 종횡무진의 연대를 가능케한 것이 인터넷이다. 하지만 어떻게 이런 일이 가능한 것일까. 인터넷의 성격에 대해서는 두 명의 프랑스 철학자 질 들뢰즈(1925~1995)와 펠릭스 가타리(1930~1992)의 〈리좀〉 개념을 참고해보자.

〈리좀〉을 이해하기 위해서는 먼저 '트리(Tree)'라는 개념에 대해 숙지하는 게 좋을 것이다. 트리는 말 그대로 나무다. 트리가 줄기로부터 가지가 뻗어나가는 수형도(樹形圖)같은 것이라면 리좀은 줄기와 뿌리가 땅속으로 뻗어나가는 땅속줄기 식물과 같다. 중심이 없는 네트워크를 말하는 것이다. 들뢰즈와 가타리는 인간의 사고법을 두 형태로 나눴다. 첫 번째가 '트리형' 사고법이다. 지금까지 서양의 사고방식을 지배해온 것으로 이 트리는 생물의 진화를 형상화한 모습이다. 트리형 사고법은 확실한 기본 원칙을 세워 그 원칙을 바탕으로 몇 가지 패턴과 예외를 생각해나가는 방법이다. '분류'가 대개 이러한 트리형 사고법에 따른 작업 방식이라 할 수 있다.

그에 반해 '리좀형' 사고법은 중심과 시작, 끝이 없는 네트워크형 사고법이다. 전체를 구성하는 각 부분이 자유롭게 횡단하며 접속하고 그로 인해 이종혼교 상태가 나타난다. 또한 리좀은 새로운 부분이 접속되거나 절단될 때 그 성질이 바뀌는 다양태의 형태를 띤다. 접속과 함께 성질이 변화하는 것이다. 새로운 것이 접속하면 전체의 성질도 바뀐다는 의미다.

이 리좀형 사고야말로 경직성을 깨뜨리며 유연성을 발휘하게 한다. 이처럼 인터넷은 리좀형 사고법에 기반하여 그 구조가 중심이나 시작 혹은 끝이 없는 네트워크인 것이다. 끊임없이 접속과 절단을 반복하기에 이종혼교 상태가 지속된다. 이와 같은 것이 인터넷의 특징이라고 말할 수 있다.

주의해야할 점은 리좀형 사고를 기반으로 한 인터넷을 시용하는 사람들 또한 리좀형으로 사고할 수 있다는 것이다. 즉 인터넷 이전 인간의 기본적인 사고법이 트리형의 합리적인 사고법이었던 것에 반해 인터넷 사용 이후 사람들의 사고는 리좀형으로 바뀐다는 것이다. MIT 미디어랩에서 일본인 최초로 소장이 된 이토 조이치씨는 AI(After Internet)이라는 표현을 자주 사용한다. 기원전을 뜻하는 AD에서 차용한 것으로 인터넷이 등장한 이후 세계의 변화를 상징적으로 표현한 단어다. 그는 인터넷 사용 이후 사람들의 사고법이 변화했다고 지적한다. 예를 들어 세렌디피티(Serendipity)가 그것이다.

이는 의도치 않은 뜻밖의 우연한 발견을 의미한다. 인터넷은 우연한 만남으로 이루어지며 새로운 기회를 주기도 한다. 우연한 만남이기 때문에 논리 정연함이 밀려날 수밖에 없는 것이다.

35

Q 기아를 없애려면 어떻게 하면 좋을까?

: :

A 센의 <잠재 능력>으로 풀다

미야코는 세계 각지에서 기아로 고통을 겪고 있다는 사람이 많다는 얘기를 듣고 충격을 받았다. 왜 조금 더 확실히 도와주지 않는 건지도 의아했다. 이에 대해 선생님에게 말하자 선생님은 돈을 기부하는 일만으로 모든 문제가 해결되지는 않는다고 답했다. 보다 근본적인 문제를 해결하지 않으면 안 된다는 것이다. 그렇다면 도대체 어떻게 하면 기아를 없앨 수 있을까?

일본은 미국과 중국에 이어 세계 3위의 경제 대국이다. 일본 사람은 경제적으로 풍요로운 나라에서 살고 있으므로 21세기에도 굶주림으로 고통을 받는 사람들이 있다는 걸 잘 상상할 수 없을 것이다. 하지만 세계에는 아직도 기아의 고통에 허덕이는 사람들이 수도 없이 많다. 기아 문제를 해결할 수 있는 방법은 없을까.

단순히 식량이나 돈을 보내면 되는 게 아닌지 생각할 수도 있다. 물론 그것도 하나의 좋은 방법일 것이다. 하지만 근원적인 해결책이 될 수는 없다. 거액의 원조가 이어지더라도 기아 문제가 개선되지는 않는 것이다. 진정으로 필요한 건 무엇일까. 노벨 경제학상을 수상한 인도의 경제학자이자 사상가인 아마르티아 센(1933~)의 〈잠재 능력〉이라는 개념을 통해 살펴보자.

〈잠재 능력〉은 센의 개념 중에서도 가장 중요하다. 원어는 'Capability'인데 이는 존 롤스의 '평등론'을 비판하기 위해 제기된 개념이다. 롤스는 『정의론』에서 불우한 사람들의 생활을 돕기 위해서는 기본적으로 필요한 물질을 분배하여 평등을 추구해야 한다고 이야기한다. 하지만 센은 롤스의 평등론이 물질의 재분배만을 강조하기에 물질숭배로 이어질 수 있다고 비판했다. 그리고 인간은 다층적이라고 말하면서 장애인과 비장애인에게 같은 수준의 물질이 주어지더라도 평등을 이루기는 힘들다고 지적했다. 따라서 진정으로 요구되는 것은 기본적인 잠재 능력을 실현시켜주는 것이다. 즉 필요나 욕구에 따라 생산적이고 창조적인 생활을 영위할 수 있도록 가능성을 열어주는 것. 그것은 하고 싶다고 느끼는 건 할 수 있는 상태를 만들어주는 걸 의미한다.

〈잠재 능력〉은 인간이 보다 가치 있는 삶을 추구할 때, 개인이 얼마만큼 자유롭게 선택을 하며 실행할 수 있는지를 말해준다. 센은 생활의 질을 소득과 효용을 기준으로만 측정하지 말고 잠재 능력도 따져서 평가해야 한다고 주장한 것이다. 그것이야말로 진정한 자유의 확대라고 생각했기 때문이다. 실제로 교육과 생활환경을 개선하고 자신의 힘으로 자아실현을 할 수 있게 된다면 본인의 능력으로 고통에서 벗어날 수 있다. 하루치 식량을 보내면 그날 하루는 살 수 있다. 하지만 좋은 교육 환경을 제공한다면 잠재한 가능성을 열어주는 것이기에 인생 자체를 변화시킬 수 있다. 한 사람의 인생이 바뀌면 사회 전체도 바뀌고 한 나라의 기아 문제도 해결할 수 있는 것이다.

이는 외국뿐 아니라 일본에도 해당된다. 기아까지는 아니더라도 당장 급식비를 낼 수 없고 제대로 된 교육을 받지 못하여 중학교 졸업 후 방황하거나 나쁜 길로 빠지는 아이들이 있다. 이 아이들은 대학과 대학원에 진학하는 아이들과 비교해서 삶의 질에서 차이가 날 수밖에 없는 게 현실이다. 이런 사태를 방지하기 위해 공교육을 충실히 할 필요가 있다. 금전적으로만 도움을 주는 건 밑 빠진 독에 물 붓는 격일 수 있음을 센의 이론을 통해 알 수 있다. 물질적으로만 뒷받침해주는 것보다 사람의 가능성을 열어주는 지원이 중요하다.

36

Q 왜 인생은 선택의 연속인가?

: :

A 키르케고르의 <이것이냐 저것이냐>로 풀다

미나미는 피아노에 재능이 있다. 부모님과 선생님은 미나미가 음악대학으로 진학하기를 바란다. 하지만 미나미는 음악가보다는 과학자가 되고 싶어 한다. 성적도 이과계로 진학하기에 충분하다. 또한 요즘 썩 괜찮은 남자 두 명으로부터 동시에 대시를 받았다. 이 역시 고민이다. 고민은 끝이 없다. 미나미는 어떤 선택을 할까?

나는 몇 번이나 이직을 했다. 이직을 할 때마다 전혀 다른 직종으로 바꿨기 때문에 큰 결심이 필요했다. 일반 회사를 다니다가 그만두고 인권활동가로 일했고 사법시험에도 도전했으며 시청 공무원으로 근무하며 도시 만들기 사업을 맡다가 또 대학원에서 연구자로 생활했다. 인생은 선택의 연속이다. 미나미처럼 신중히 결정해야 하는 선택뿐 아니라 아침부터 자기 전까지 사소한 선택은 계속된다. 그날 입을 옷, 먹을 것, 대화의 주제, 해야 할 일, 주의해야 할 일 등 모든 게 선택의 연속인 것이다. 그리고 선택의 결과가 우리의 하루하루를 만든다. 선택의 연속이 인생이 된다.

왜 인생은 선택의 연속일까? 덴마크의 철학자 쇠렌 키르케고르(1813~1855)의 사상으로 해답을 구해보자. 키르케고르는 실존주의의 선두 주자라고 불린다. 왜냐하면 인간은 절망에서 벗어나 주체적으로 다시 일어나야 한다고 믿었기 때문이다. 키르케고르는 인간을 절망을 느끼는 동물이지만 그저 절망을 느끼기만 하지는 않는다고 말한다. 우리는 인생의 밑바닥에 왔다고 느낄 때 그곳으로부터 벗어나기 위해 죽을힘을 다해 노력한다. 스스로 주체성을 지닌 채 이겨내고자 노력하는 것이다. 어떤 문제에 봉착했을 때 아무리 떼를 쓰거나 한숨을 쉰다고 해도 변하는 건 아무것도 없다. 스스로 문제를 헤쳐나가지 않으면 안 되는 것이다.

키르케고르는 '이것도 저것도'처럼 모든 가능성을 붙잡고 있으면 어느 것도 결단할 수 없어서 결과적으로 존재하는 게 아무것도 없다고 주장한다. 존재한다는 것은 〈이것이냐 저것이냐〉 사이에서 주체적으로 결단을 내리는 것이다. 그래야만 눈앞의 문제를 해결할 수 있다.

키르케고르는 '이것과 저것'을 종합하여 전제를 취하는 헤겔 철학을 비판하면서 출발했다. 인간과 인생은 그렇게 단순하지 않다고 말한다. 좀 더 복잡하며 구체적으로 딱 잘라 말하기 어려운 그 무언가다. 그래서 인간은 절망을 느끼면서도 살아가는 것이다. 어느 쪽을 선택해도 좋은 결과를 얻으리라는 것은 불가능하므로 현명한 결단이 필요한 것이다. 물론 이 말이 부정적으로 들릴지 모르겠다. 하지만 이래서 인생은 재미있는 것이기도 하다. 선택지가 없는 인생을 상상해보면 내 말이 이해될 것이다. 모든 일이 다 결정되어 있어서 아무런 선택을 할 필요가 없다면 그것만큼 허무한 인생은 없을 것이다. 고민이 따르지만 선택할 기회가 있다는 게 보람 있는 인생 아닐까. 그게 내가 살아 있음을 느끼게 하는 원동력 아닐까.

그 누구도 실패하고 싶지 않을 것이다. 하지만 실패도 하나의 인생이다. 실패하기에 다음에는 꼭 성공하고 싶다는 욕망도 생기는 것이다. 그럴 때 좋은 결단으로 인한 성공은 더없는 기쁨이 된다. 반대로 실패를 하게 되더라도 스스로 한 선택이기 때문에 어느 정도 받아들일 수 있다. 그래서 스스로 선택하면서 우리는 결과에 상관없이 인생에 대해 고개를 끄덕이고 납득하며 살아가는 것이다.

나는 성공뿐 아니라 실패를 반복해왔기에 그런 것들을 실감한다. 자신이 주체적으로 선택하며 살아가는 것은 실패의 쓴맛과 성공의 단맛을 느끼게 한다. 이는 부모님이나 선생님 혹은 친구들이 가르쳐줄 수 없는 것들이다. 요즘 젊은 사람들은 스스로 결정을 내리길두려워하는 것 같다. 그래서 늘 부모의 결정에 의존한다. 하지만 이는 자신의 인생을 의미 없게 만드는 짓이며 나의 존재를 스스로 사라지게 하는 일임을 알아야 한다.

37

Q 최강의 인간이란?

: :

A 니체의 <초인(超人)>으로 풀다

사토미는 항상 얼굴에 웃음을 띠고 있어 고민이라곤 하나도 없는 사람처럼 보인다. 물론 사토미에게도 사는 데 어려움이 있다. 하지만 신을 진정으로 믿기 때문에 늘 밝은 모습을 유지할 수 있는 것 같다. 신이 어려움을 해결해줄 것이라 믿고 있기 때문이다. 이런 사토미의 모습을 어떻게 생각하는가?

세계에서 누가 최고로 강하냐고 묻는다면 종합격투기를 떠올릴지도 모르지만 물론 여기서 그런 걸 논하자는 건 아니다. 무인도에서 살아남는 서바이벌 게임에 관한 것도 아니다. 내가 얘기하고자 하는 건 정신적으로 강한 사람이다. 정신이 강한 사람이 신체도 강하기 마련이지만.

그러면 어떤 사람이 정신적으로 강한 사람일까. 내가 부러워하는 사람은 어떤 일에도 흔들리지 않는 사람이다. 나는 긴장을 많이 하는 타입이라서 늘 그런 사람을 동경해왔다. 역경에 굴하지 않는 사람도 정신력이 강한 사람이라고 말할 수 있다. 어떤 것에도 굴하지 않는다면 최고로 강한 사람일 것이다. 좀 빗나가는 얘기일지 모르겠으나 좀비가 무서운 이유는 해치워도 해치워도 끊임없이 공격해오기 때문일 것이다. 이처럼 아무리 실패하고 불행에 빠져도 평온한 모습으로 맞서는 사람이 있다면 어떨까. 존경스럽기도 하면서 한편 두렵기도 하다. 이런 인간상에 대한 논한 이가 독일의 철학자 프리드리히 니체(1844~1900)다.

니체는 〈초인〉이라는 개념을 고안했다. 독일어로는 위버멘쉬(Ubermensch)라고 하는데, 영어로는 슈퍼맨(Superman) 정도로 옮길 수 있겠다. 왜 슈퍼맨이 등장하는가? 니체는 "신은 죽었다"고 선언하며 기독교를 비판했다. 기독교는 사랑의 종교이며 약한 이들을 보듬어 주는 종교다. 자신의 미약함을 인정하고 구원받기 위해서 헌신하는 종교인 것이다. 이 때문에 인간을 구제해주는 신이라는 존재를 창조했다. 인간은 스스로의 유약함을 인정하고 신이라는 존재에 모든 것을 의탁해버린 것이다. 니체는 이 점을 비판했다. 노예 상태와 다름없는 것이라고.

니체는 기독교를 '노예 도덕'이라고 부르며 이 노예 도덕이 모든 것을 부정적으로 생각하는 허무주의를 탄생시켰다고 주장했다. 그리고 당장 노예 도덕에서 탈피하여 강하게 살아야 한다고 역설했다. 신은 죽었다고 니체가 표명한 이유다. 니체에 따르면 인생은 원의 형상을 띠면서 동일한 게 영원히 반복되는 것이다. 이를 영원회귀(永遠回歸)라고 하는데 우리는 좋든 싫든 영원회귀를 받아들일 수밖에 없다고 니체는 주장한다. 생(生)은 긍정적인 것을 전폭적으로 원하며 온갖 방랑과 이합집산을 통해서도 결국 제자리로 돌아오기 때문이라는 것이다. 따라서 삶을 강인하게 살아간다는 것은 영원회귀를 이해해서 어려운 일이 닥쳐도 한 번 더 해보는 패기 있는 자세를 갖는 것이 아닌가 싶다.

물론 말로는 쉬운데 이를 실천하는 건 실로 어렵다. 반복하는 건 그리 재미있는 일이 아니기 때문이다. 더군다나 그게 괴로운 일이라면. 인생의 시련을 극복하고 난 뒤에는 두 번 다시 그 시련에 대해서 생각하고 싶지 않을

터이다. 불교에서도 생을 반복하는 윤회전생(輪廻轉生)이 있는데 이 또한 괴로움 속에 죽는다 해도 다시 반복되는 생을 산다는 말이다.

니체는 영원회귀를 받아들일 수 있는 존재를 〈초인〉이라 불렀다. 영원회귀의 괴로움을 수용할 수 있는 존재야말로 인류의 능력을 초월한다고 생각한 것이다. 즉 니체에 따르면 고통을 받아들여 극복할 수 있는 사람이 최강이다.

나도 늘 초인을 목표하며 살지만 쉽지는 않다. 지금 이 순간에도 어쩌면 다른 무언가에 저항하여 극복하고 있는 중일지 모르겠다. 그렇기에 늘 고통스러운가 보다. 니체의 사상을 통해 바라본다면 늘 신에게 의탁하는 사토미의 행동은 올바른 것이 아니다. 나는 사토미처럼 생각하며 사는 걸 그리 나쁘다고 생각하지는 않지만 신을 믿지 않는 사람이라면 고통을 이겨내며 초인에 도전해보는 걸 추천한다. 조금 더 힘을 냅시다!

38

Q 역사는 진보하고 있는가?

: :

A 마르크스의 <사적 유물론>으로 풀다

켄지의 아버지는 예전에 일본이 전쟁을 일으킨 적이 있었다고 말했다. 그런데 그 당시 정부도 미디어도 모두 전쟁을 꼭 해야 한다고 선전해서 그 누구도 반대할 수 없었다고 한다. 그날, 뉴스에서 총리가 자위대를 해외로 파병해야 한다며 열변을 토했는데 켄지는 공포감을 느꼈다. 역사는 되풀이되는 것인가.

연말이면 그 해를 되돌아보는 TV 프로그램이 방영된다. 한 해에 있었던 주요 이슈를 개략적으로 짚어보는데 그 이슈들은 사실 작년에도, 재작년에도 비슷했던 것 같다. 비슷비슷한 사건 사고가 반복되어 일어나는 것이다. 왜 인간은 똑같은 과오를 반복하는 것일까. 인류는 수백 년, 아니 수천 년 동안 똑같은 잘못을 반복하며 살아왔을 것이다. 역사를 보면 명징하게 드러난다. 세계사든 일본사든 역사는 실패의 연속이다. 하지만 다른 한편으로 인간은 잘못을 반성하며 진보해온 것도 분명한 사실이다. 그렇다면 과연 역사는 진보하고 있는 것인가.

독일 출신의 경제학자이자 사상가인 카를 마르크스(1818~1883)는 〈유물사관〉 혹은 〈사적 유물론〉이라는 독자적인 역사관을 주장했다. 인간 사상과 법, 정치 제도 등 '상부 구조'는 생산 수단과 생산 활동인 '하부 구조'에 의해 결정된다고 생각한 것이다. 즉 경제 활동을 주축으로 하여 거의 모든 사회 제도가 결정된다는 것이다. 사상과 개념이 경제의 모습을 결정한다고 생각한 다른 철학자들과는 정반대의 발상이었다.

그리고 그는 생산력이 생산성 향상에 따른 비례에 맞지 않을 때, 그 모순을 원동력으로 역사는 진보한다고 주장했다. 구체적으로는 원시공동체, 노예제, 봉건제, 자본주의, 사회주의, 공산주의의 순서에 따라 전개된다는 것이다. 그 결과 모순으로 가득 찬 자본주의는 혁명에 의해 붕괴되며 생산력에 비례하는 사회로 이행해갈 것이라고 했다. 그래서 역사는 진보하고 이전보다 더 평화롭게 공존하며 살아간다고 했다. 하지만 실제로 역사는 어떻게 되었는지 좀 더 큰 관점으로 현실을 바라볼 필요가 있을 것 같다.

역사학자 데이비드 크리스천(1946~)이 주장한 '빅 히스토리(Big History)'를 살펴보자. 빅 히스토리는 수천 혹은 수만 년 전부터 시작되는 세계사와 달리 137억 년 전 우주가 탄생되는 순간부터 현재까지를 관통하는 역사관을 말한다. 그런 식으로 역사를 파악하면 인류가 탄생한 건 극히 최근에 일이라는 걸 알 수 있다. 어쨌든 지구와 인류는 기적적인 존재임에는 틀림없는 사실이다. '빅 히스토리'의 관점에서 보면 역사는 분명히 진화하고 있다. 아무것도 없는 제로의 상태에서 고도의 문명이 탄생했기 때문이다. 인간은 잘못을 반복하고 있지만 이 또한 긴 진화 과정에서 수반되는 고통일지도 모른다.

한편 인간은 언젠가 멸종될지도 모른다는 불안감이 가득하다. 우리는 인간 중심으로 지구의 역사를 생각하지만 사실 137억 년의 과정 중에서 인간은 가장 최근에 등장했으며 가장 짧은 기간 동안 존재하고 있을 뿐이다. 그렇기에 어느 순간 등장했다가 사라진 생물들처럼 인류도 갑

자기 사라져버릴 가능성도 있다. 마치 공룡처럼. 역사는 계속 흐르고 있지만 인간이 계속 진보하고 있는지는 잘 알 수 없는 것 같다.

마르크스의 〈사적 유물론〉은 아무래도 인간 중심적인 사고관이기에 전지구적인 관점에서 인류를 이해하는 데에는 불충분할지도 모른다. 마르크스가 말한 바에 따르면 인간은 온 생물의 먹이사슬의 정점에서 군림하지 못하다면 결국 멸종할 것이다. 100% 장담할 수는 없지만 지금보다 더 서로서로 도와가며 살아가야만 평화를 유지할 수 있을 것이다. 마르크스의 예견이 맞든 틀리든 인류의 존속을 위해서는 긴 역사의 흐름을 인지할 필요가 있다.

39

Q 정말 인류는 모두 형제인가?

: :

A 포게의 <코스모폴리터니즘(Cosmopolitanism)>으로 풀다

류야는 길거리에서 모금에 동참해 달라며 큰소리로 외치는 사람들을 보았다. 그들은 인류가 모두 형제라고 외치고 있었다. 류야는 의아했다. 이렇게 민족과 국가끼리 서로 전쟁을 하고 있으며 역사 인식 문제로 나라 간 관계가 껄끄러워진 마당에 뭐가 형제라는 건지. 인류는 모두 형제가 맞긴 한가?

진정 인류는 모두 형제인가. 지구상에는 아직도 빈부격차가 존재하며 난민이라 불리는 사람들도 많다. 일본은 경제 대국임에도 난민을 받아들이려 하지 않는다. 인류 모두가 형제라면 서로 도와주는 게 당연한 것임에도. 물론 아무 일도 하지 않는 건 아니다. 경제 원조 정도는 하고 있다. 문제는 얼마나 원조를 하고 있냐는 것인데 세계 3위의 경제 대국에 부합할 만한 활동은 못하고 있는 상황이다. 원조 대상국도 최극빈 국가에 한정했다.

만약 가족이 어려운 상황에 처해 있다면 태도는 달랐을 것이다. 그렇기에 인류 모두가 형제라는 짐짓 아름다운 슬로건은 어떤 의미에서는 위화감을 불러일으킨다. 이에 대해 미국의 철학자 토머스 포게(1953~)의 〈코스모폴리터니즘〉을 참조해보자.

〈코스모폴리터니즘〉은 세계시민주의로 번역할 수 있다. 인종이나 민족, 국민이나 국가라는 경계를 넘어 세계 전체를 인간의 공통 장소라고 생각하는 이념이다. 국가 단위가 아니라 개인 단위로 모든 걸 생각하면 더 정의롭고 행복한 사회가 될 것이라는 발상이다. 즉 국가의 울타리를 제거한다면 한 나라의 정의나 국가 전체의 행복 따위의 것들은 더 이상 중요하지 않게 되며 그보다는 한 인간으로서의 정의와 행복이 더 중시될 뿐이다.

이는 고대 그리스로부터 유래했다. 특히 알렉산더 대

왕이 제국을 수립한 이후 도시 국가 폴리스가 붕괴되면서 현실적인 것들에 눈을 돌리며 시작됐다. 더불어 모든 존재는 이성에 의해 지배된다고 생각한 스토아 학파는 애당초 국가의 경계를 중요하게 생각하지 않았다. 이 때문에 코스모폴리터니즘이야말로 인간 이성에 맞게 살아가는 방법이라고 생각한 것이다. 중세 이후엔 코스모폴리터니즘이 평화를 위한 사상으로 자리 잡는다. 『영원한 평화를 위하여』를 저술한 칸트의 계몽주의도 이 흐름 중 하나라고 말할 수 있다.

그리고 오늘날에는 세계 정의를 실현하기 위한 정치사상 혹은 국가가 아닌 개인을 주체로 하여 정의를 생각하는 입장을 코스모폴리터니즘으로 부르는 것이다. 그 대표적인 전문가가 토머스 포게 교수다. 그는 '최소한의 의무'라는 개념을 통해 세계 정의의 실현을 주장하고 있다.

하지만 국제 사회의 노력은 미흡한 상황이다. 선진국이라고 불리는 국가에서도 인권에 반한 법과 제도를 개정하지 않은 채 그대로 방치하고 있다. 또한 선진국은 개발도상국의 정치 부패와 인권 문제를 등한시한 채 천연자원의 공급처로만 활용하며 때로는 무기까지 판매하고 있다. 이러한 상황을 해소하는 것이 최소한의 의무인 것이다.

토머스 포게 교수는 '다할 의무(의무를 다함)'에 대해서도 제창한다. 이는 국제적인 기금을 마련하자는 주장이다. 생산된 자원의 1%를 개발도상국에 돌려줌으로써 지구상 모든 이들이 기본적인 인프라를 제공받을 수 있게 하자는 것이다. 1%라고 하면 그리 크지는 않다고 생각할 수도 있는데 현재의 경제 원조는 그에도 미치지 못하고 있는 상황이다. 하지만 의무로서의 원조가 가능할까. 물론 형제라면 의무적으로 도와주는 게 가능하다. 인류에 대해 의무감을 느끼지 못한다면 인류 모두가 형제라는 말은 거짓말일 뿐일 것이다.

나는 토머스 포게 교수의 주장에 찬성한다. 부유한 나라에서 태어나는 것과 가난한 나라에서 태어나는 것은 전적으로 운의 문제다. 운이 나빠 가난한 나라에서 태어나서 가난하게 사는데 이를 방치한다면 인류가 너무 가혹하다는 생각이 든다. 같은 지구에서 태어났다면 그것만으로도 우리는 형제와 같은 것이다. 그러므로 서로 도와주는 게 의무라고 나는 생각한다.

40

Q 운명은 변할 수 있는가?

: :

A 사르트르의 <앙가주망(Engagement)>으로 풀다

사츠키와 야요이는 등굣길에 미심쩍은 물건을 발견했다. 그 물건은 길모퉁이 구석에서 이상한 빛을 내고 있었는데 뚜껑에는 '타임머신'이라고 쓰여 있었다. 사츠키와 야요이는 설마 하는 생각에 뚜껑을 열자 시간을 설정할 수 있는 번호들이 적혀 있었다. 이제 연월일만 입력하면 된다. 만약 이 물건이 진짜 타임머신이라면 당신은 어떻게 할 것인가?

며칠 전 타임머신을 소재로 한 영화를 보았다. 주인공은 과거로 거슬러 올라 자신의 운명을 바꾸려 했다. 하지만 좀처럼 쉽지는 않았다. 상황이 조금이라도 틀어지면 그게 영향을 주어 예상치 못한 미래가 나타났기 때문이었다. 영화에서는 타임머신이 장밋빛 해결책이 될 수는 없는 것처럼 보였다. 물론 현실에서는 타임머신 자체가 존재하지 않지만 말이다.

이처럼 과거로 돌아가서 과거를 바꾸는 게 무리라면 지금부터라도 미래를 바꾸려는 노력을 하는 수밖에 없다. 지금 어떤 일을 착수하면 미래의 내 모습은 달라져 있을 거라고 예측해보는 것이다. 그렇게 실행하며 조금씩이라도 변하기 시작한다면 이는 대단한 일일 것이다. 하지만 쉽지는 않을 것이다. 왜냐하면 우리는 혼자 살아가는 것이 아니며 주위의 상황에 얽매이고 관계하며 존재하기 때문이다. 이를테면 직업을 바꾸려 할 때도 만약 아이가 있다면 집안의 사정을 생각하지 않을 수 없다. 상황을 고려해야 하는 것이다. 결국엔 포기해버리는 일도 부지기수다.

그러면 운명을 바꾸기는 어려운 일인가. 프랑스의 철학자 장 폴 사르트르(1905~1980)의 〈앙가주망〉을 참조해 이야기해보자. 앙가주망이란 '연루되어 있음'을 의미하는 프랑스어로 '적극적인 사회 참여'를 의미한다. 사르트르는 제2차 세계대전에 참전하여 포로 생활을 겪는데 이 경험이 그의 사상에 큰 영향을 주었다. 그는 전쟁을 겪으면서 자유란 주어진 상황 안에서만 누릴 수 있다는 것이라고 깨닫게 된다.

주어진 상황에서 자유를 실현하기 위해서 어떻게 해야 하나. 도망치는 게 불가능하다면 현실에 적극적으로 뛰어드는 수밖에 없다. 이것이 사르트르가 도출해낸 답이다. 불가능할 거라며 미리 사태에 대해 체념하고 관망하는 소극적 자세와는 180도 다른 것이다. 사르트르가 주장하는 적극적인 사회 참여는 그 사태를 변화시킬 수 있는 가능성을 충분히 지니고 있는 것이다. 그렇기 때문에 결과가 전부가 될 수는 없다. 어려움에 맞설 때는 그것에 맞서는 행위 자체가 중요한 것이 된다. 맞서는 그 자체에 의미가 있다.

어떻게 보면 타임머신 혹은 〈앙가주망〉이라는 행위가 이와 같을 수도 있다. 불가능해 보이는 상황에 맞서는 것이라서 발악하는 것처럼 비칠 수도 있다. 하지만 무기력하게 아무것도 하지 않는 것보다 발악하는 게 훨씬 낫지 않을까. 치료 시기를 놓쳤다고 말하는 의사 앞에서 환자는 그냥 가만히 있을 수는 없는 노릇이다. 최후의 최후까지 무언가를 해야만 한다.

운명에 맞서려는 발악도 마찬가지다. 행위 그 자체에 의미가 있는 것이다. 행위의 과정이 중요하다. 어쩌면 신이 이미 운명을 다 결정해버렸는지도 모른다. 그래서 운명은 변하지 않는 것일지도. 하지만 그렇다고 해서 포기할 수는 없다. 우리는 조금이라도 더 나은 삶을 위해서 최선을 다해 살아가고 있는 것이다.

그런 의미에서 우리 모두는 '앙가주망'하고 있다. 우리가 의식하지 않는 동안에도 말이다. 운명은 간단히 변할 리 없겠지만 최선을 다해 살아간다면 삶이 즐거울 것이다. 반면 결과가 보이지 않으니 쓸데없는 짓이라고 생각한다면 헛된 삶을 살아가는 것일 테다. 인생이란 발악하는 것이다. 기적이 일어날 수도 있다. 우리는 기적을 매일 고대하며 살고 있는지도 모른다.

41

Q 왜 낯가림을 하는 것일까?

: :

A 레비나스의 <얼굴>로 풀다

히데오는 낯가림이 심해서 사람들과 눈을 마주치는 것도 쑥스러워한다. 친한 사람들과 이야기할 때조차 눈빛을 주고받으며 말하지 못한다. 며칠 전에는 교수님에게 서로 눈을 보면서 대화를 나누는 게 좋다며 꾸지람도 들었다. 그때 히데오는 "왜 눈을 맞추며 이야기를 해야만 하는 거죠?"라며 되묻기도 했다. 그러자 교수님은 당연한 것을 왜 묻느냐며 핀잔을 줬지만 명쾌하게 왜 그래야 하는지는 설명해주지 않았다. 여러분은 어떻게 대답할 수 있을 것인가?

낯가림이란 눈을 마주보며 이야기하지 못하는 사람의 습성 같은 것이다. 병적으로 낯가림에 시달리는 사람도 있지만 사실 우리는 정도의 차이일 뿐 대부분 낯가림을 한다고 말할 수도 있을 것이다. 지긋이 다른 곳만을 바라보며 대화를 이어간 적이 있는가? 그럴 때는 아마도 감정에 깊숙이 빠져 있는 시간이었을 것이다.

가령 사랑을 고백한다거나 증오에 불타오를 때 보통 우리는 시선을 다른 곳으로 돌린다. 처음에는 눈 맞춤을 통해 "내가 당신을 향해 대화를 시작합니다"라고 의사표현을 한 후에는 지속적으로 눈을 응시하며 대화를 하지는 않는다. 왜냐하면, 한 번의 눈 맞춤으로 상대방의 얼굴이 이미 내 안에 각인되었다고 생각하기 때문이다. 사랑할 때도 증오할 때도 한 번의 눈 맞춤으로 끝나기도 한다. 그 눈 맞춤으로 상대는 내게 복속되었다 생각하는 것이다. 마치 상대가 움직일 수 없도록 억누른 맹수의 눈처럼.

그렇다면 어째서 우리는 얼굴 한 번 본 것만으로 상대방을 얻었다고 생각하는 것일까? 리투아니아 출신의 프랑스 철학자 에마뉘엘 레비나스(1906~1995)가 설명한 〈얼굴〉 개념을 살펴보자. 레비나스에 따르면 사람은 사물의 형태를 명확히 하고자 한다. 사물을 분명하게 하여 자신이 소유하고자 함이다. 인간은 끊임없이 욕구한다. 인간은 욕구 덩어리이며 반면 결여 덩어리이기도 하므로 늘 욕구하는 것이다. 그 욕구를 채우며 세계의 일부가 나의 것이 되었다고 느낀다. 하지만 그럼에도 내가 결코 회수할 수 없는 절대적인 것이 있는 건 아닌지 의문이 드는 것이다. 이것이 레비나스의 주제이다. 구할 수 있음과는 별개로 결코 만족되지 않는 것. 레비나스는 이를 '욕망하는 것'이라고 불렀다. 그는 욕구와 욕망을 구분했다.

욕망은 절대 충족되지 못한 채로 무한히 쫓아다니는 것이다. 그 대상은 타자이다. 그렇기에 타자는 누구도 소유할 수 없다. 타자는 결코 전체 속에 휩쓸리는 존재가 아니다. 이렇게 절대 손에 잡히지 않는 타자의 존재를 가장 잘 상징할 수 있는 게 〈얼굴〉이다. 얼굴은 타자의 모습이다. 사람은 타인의 얼굴을 보면서 처음으로 자신의 존재를 인지하며 스스로 책임감을 느끼게 된다고 한다. 얼굴은 한 사람 한 사람 다 다르고 나와 타인이 보는 시선의 차이는 결코 내가 습득할 수 없는 세계의 존재가 된다. 나의 기준으로는 측정할 수 없는 것이다. 그렇기에 우리는 타인의 시선을 의식하는 것이다. 낯가림은 시선을 회피하는 것을 통해 드러난다. 만일 시선에 대등하게 맞선다면 이는 상대방을 내 안으로 끌어들이고자 하는 행위라고 할 수 있다.

사람은 얼굴이 다가 아니라고 말한다. 그 말은 얼굴로 사람을 판단해서는 안 된다는 의미이지 얼굴이 중요하지 않다는 뜻은 아니다. 남녀불문하고 얼굴은 중요하다. 얼굴에 의해 개성이 표현된다. 이는 틀림없는 사실이다. 현실에서 취업 준비생에게는 외모도 하나의 스펙이라는 말이 크게 틀린 말은 아닐 것이다. 항상 정확한 건 아니지만 얼굴은 그 사람이 어떤 사람인지 드러내는 힌트를 지니고 있기 때문이다.

아무리 우수한 로봇이 발명된다고 할지라도 로봇에게 진정한 얼굴은 없을 것이다. 얼굴에서 눈과 눈빛을 통해 한 사람의 진정성을 느끼는 경우도 많다. 입은 거짓을 말할 수 있으나 눈은 사람의 마음을 투영하기 때문이다. 낯가림으로 인해 눈 한번 제대로 마주치지 못한다면 많은 것을 잃을 수도 있다. 최소한의 눈 맞춤은 삶의 불가결한 요소이다.

42

Q 왜 도박을 하는가?

: :

A 구키 슈조의 <우연성>으로 풀다

카스미는 요즘 도박에 빠져 곤란한 생활을 이어가고 있다. 아침엔 파친코, 저녁엔 마작으로 하루를 보내고 있다. 걱정이 되긴 하지만 사실 위법한 행동은 아니지 않냐며 스스로를 위로하곤 한다. 왜 사람들은 도박에 빠지는 것일까?

복권 당첨금이 100억이라고 한다면 사고 싶은 마음이 좀처럼 생기지 않는다. 확률상 당첨될 가능성이 없다고 생각하기 때문이다. "언젠가 당신에게도 일어날지 모릅니다"와 같은 선전 문구로 나를 유혹하려 들지만 소리만 귀에 맴돌 뿐이다.

나는 복권뿐 아니라 다른 도박도 하지 않는다. 그저 돈만 버리는 것 같은 느낌만 들어서다. 돈과 시간을 낭비하는 도박은 정말 바보 같은 짓이라고 생각한다. 하지만 이 세상에서 도박이 사라진 적은 없다. 아마도 많은 사람들이 혹시나 하는 기대감에 미련을 버리지 못하기 때문일 것이다. 우연히 내가 당첨될 수도 있다는 가능성을 염두에 두면서 말이다.

이렇듯 우연은 우리를 유혹하는 키워드이다. 일본의 철학자 구키 슈조(1888~1941)의 〈우연성〉이라는 개념을 참조해 우연에 대해 생각해보자.

사실 우리 인생은 우연성으로 가득 차 있다. 그럼에도 우리는 그 점을 직시하려고 하지는 않는다. 불안하기 때문이다. 누구라도 자신의 존재가, 어떤 상황이 모두 다 우연이라면 공포마저 느끼게 될 것이다. 구키 슈조에 따르면 우연성이란 사물이 동일성 안에는 있으나 필연성은 파괴되어 결코 통합되지 않는 이원성이라 말하고 있다. 하지만 이것은 결코 사물의 존재를 부정하는 것은 아니다. 우연이란 현재 발생한 것이다. 구키 슈조는 이를 이접적(離接的) 우연이라고 불렀다. 무수한 가능성 가운데 발생한 우연인 것이다.

구키 슈조는 우연의 무한한 전망을 보았다. 그는 이렇게 말했다. "우연성 철학의 형이상학적 전망은 지금의 현실 세계가 유일하게 가능한 세계가 아니고 무수한 가능세계의 일부분에 지나지 않는다는 것이다." 그래서 지금 손 안에 들어온 우연에 애착을 느끼게 되는 것이다. 용케도 나에게 찾아왔다면서. 그리고 타인이 얻은 우연성이나 운명에 대해서도 경의를 표하게 되는 것이다.

이처럼 구키 슈조는 〈우연성〉을 운명에 대한 애착으로 여기며 이를 긍정하고자 했다. 나를 둘러싼 모든 것을 그대로 받아들이려 한 것이다. 구키 슈조가 도박에 대해 논하지는 않았지만 우연성을 긍정한다면 도박과 같은 우연성에도 관심을 가질 법하다.

인생은 〈우연성〉으로 가득 차 있기에 사실 인생 자체가 도박일 수도 있다. 내가 도박을 하지 않는 이유는 이미 인생이라는 큰 도박에 열중하고 있기 때문이다. 여러 도전을 하며 인생에서 우연성을 시험하고 있는 중인 것이다. 우리는 매일 도박을 하며 살아간다. 그것은 우연성을 운명으로 받아들인다는 의미이다.

하지만 우연성에 너무 기대어 살면 단순히 도박 그

자체로 빠질 수도 있다. 긍정적인 우연성은 인생에 애착을 갖는 사람에게 주어지는 것일 테다.

43

Q 정말 실패는 성공의 어머니인가?

: :

A 듀이의 <프래그머티즘(Pragmatism)>으로 풀다

치에는 마코토에게 고민 상담 중이다. "나는 실패가 두려운데. 그래서 모험을 할 수는 없을 것 같아." 그러자 마코토는 이렇게 대답한다. "실패를 두려워한다면 성공할 기회도 찾아오지 않아." 왠지 그 말이 그 말 같다. 마치 달걀이 먼저인지 닭이 먼저인지 애매한 것처럼.

누구나 실패를 두려워한다. 실패는 안 좋은 일이기 때문에. 반대로 누구나 성공을 원하기 마련이다. 실패는 성공의 어머니라는 말이 있다. 만약 실패가 성공의 어머니라면 실패를 두려워하며 고민할 필요가 없지 않은가. 진짜로 실패는 성공의 어머니가 될 수 있을까?

〈프래그머티즘〉을 참고해볼 수 있을 것이다. 프래그머티즘은 시행착오 과정에서 올바른 길을 제시하는 사상이기 때문이다. 본래 프래그머티즘이라는 용어도 그리스어로 행위와 실천을 의미하는 프라그마(Pragma)에서 유래했다.

〈프래그머티즘〉은 미국에서 탄생하여 쭉 미국에서 발전해왔다. 번역하자면 실용주의로 해석할 수 있지만 프래그머티즘이라는 용어를 그대로 사용하는 편이다. 하나의 사상으로 자리 잡기까지 세 명의 학자가 중요한 역할을 했는데 그 내용도 단계를 거치며 변화해왔다.

최초로 프래그머티즘을 설계한 사람은 C.S.퍼스(1839~1914)인데, 그는 개념을 명확하게 하기 위한 방법으로써 이 용어를 사용했다. 과학적 실험의 방법을 개념분석에 이용하는 것인데, 개념의 의미는 거기서부터 표출되는 효과에 따라 확정된다고 주장했다.

프래그머티즘을 더욱 발전시킨 이는 윌리엄 제임스(1842~1910)이다. 제임스는 퍼스가 고안한 프래그머티즘의 방법을 인생과 종교, 세계관 등 진리의 문제에 적용했다. 그는 진리가 우리 생활에서 쓸모 있는 기능을 해야 한다며, 진리에 대해 유용성을 기준으로 생각하지 않으면 안 된다고 주장했다.

그에 따라 실천적인 사상으로 발전한 프래그머티즘은 존 듀이(1859~1952)에 의해 완성되었다. 듀이는 철학의 목적이 우리 일상을 풍요롭게 하는 데 있다고 했다. 사상과 지식은 그 자체에 목적과 가치가 있는 게 아니라 인간이 환경에 맞춰 잘 살아가기 위한 수단이 된다는 것이다. 즉 사상과 지식은 인간 행동에 도움을 주는 도구이다. 그러므로 존 듀이의 사상은 도구주의라고도 불린다.

이들 세 명의 사상에서 드러난 공통점은, 듀이의 도구주의로 나타났듯이 지식을 절대적인 것으로 고정하지 않고 어떤 목적을 실현하기 위해 활용한다는 것이다. 지식은 목적을 위한 요소가 되는 것이다.

실패는 성공의 어머니라는 말은 〈프래그머티즘〉의 입장에서 맞는 말이다. 성공을 한다면 성공 이전의 무수한 실패가 결과적으로 성공을 위한 수단이 되었다고 해석될 수 있기 때문이다. 미국에서는 혁신이 자주 일어난다. 나는 그 배경에 프래그머티즘이 있다고 생각한다. 대부분의 혁신은 우연의 산물이다. 이를 위해서는 부단한 시행착오를 거쳐야 한다. 실패를 민감하게 받아들이거나 터부시하는 풍토에서는 어떤 혁신도 이룰 수가 없는 법이다. 프래그머티즘을 적극 활용한다면 실패를 두려워하지 않으며 성공의 어머니처럼 받아들일 수 있는 자세를 갖출 수 있을 듯하다.

44

Q 생명은 지구보다 소중한가?

: :

A 프로타고라스의 <상대주의>로 풀다

유키오와 미쿠가 이야기를 주고받는다. “생명보다 소중한 건 없겠지.” 미쿠가 말하자 유키오는 반론을 제기한다. “하지만 지구가 없으면 생명은 존재할 수 없잖아. 그러니 지구가 생명보다 중요한 건가? 근데 지구를 위해서 누군가가 희생을 해야 하는 상황이 온다면 어떤 선택을 해야 하지?” 미키와 유키오는 말이 없다. 생명과 지구에 대해 우위를 논한다는 것이 가능한 일인가?

"한 사람의 생명이 지구보다 중요하다." 방글라데시 다카 공항에서 일본 항공기가 납치당했을 당시 일본 수상이었던 후쿠다 다케오가 한 말이다. 후쿠다 다케오는 이렇게 말하면서 납치범들의 요구를 수용했다. 인질의 생명을 구하기 위해서. 이후에도 생명의 소중함을 표현할 때 이 문구는 자주 인용되었다.

지구는 크고 중요하며 대체 불가능하다. 하지만 한 사람의 목숨이 더 중요하다. 나는 이 의견에 동의한다. 하지만 한 사람의 생명과 지구를 일대일로 비교하며 우위를 논하려 한다면 꽤 어려울 것이다. 어떻게 생명과 지구를 비교할 것인가. 이 둘은 성격이 다르므로 비교 기준을 세우기도 어렵다. 고대 그리스의 철학자 프로타고라스(B.C.485?~B.C.410?)의 〈상대주의〉를 끌어와 생각해보고자 한다.

프로타고라스는 '덕의 교사'로 불린 소피스트의 거물이었다. 소피스트들은 정치적으로 유능한 청년들을 육성하기 위하여 변론술을 가르쳤다. 그 당시는 상대방을 설득하는 것이 중시되었기 때문에 진실을 말하는 것에 대해서는 무시했다. 이런 풍토에 반론을 제기한 이가 철학의 아버지 소크라테스이다. 소피스트와 소크라테스의 토론 방식은 플라톤의 저서 『프로타고라스』에 충실히 재현되어 있다.

"인간은 만물의 척도다." 프로타고라스가 한 가장 유명한 말이다. 실은 이 말에 추가해야 할 부분이 있다. "인간은 만물의 척도다. 존재하는 것에 대해서. 그리고 존재하지 않는 것에 대해서도." 이렇게. 즉 인간은 모든 사물과 물질의 척도라는 주장이다. 인간과 멀리 떨어져 있는 사물 자체는 무의미하다. 인간이 지각할 수 있으며 인간과 상관있는 사물만이 의미가 있다. 곧 사물은 항상 그걸 인식하는 인간에 의해서 별도의 의미를 부여받는다는 것이다. 프로타고라스가 말하는 〈상대주의〉가 이것이다.

그는 정의와 경건함, 흰색과 검은색 등을 각각 비교하며 모든 것에는 유사점을 찾을 수 있다고 말한다. 정의와 경건함에는 성실함을, 흰색과 검은색에서는 포멀(Formal)한 분위기를 연출하는 색이라는 공통분모를 찾을 수 있다는 것이다. 그러니까 사실 모든 차이는 상대적인 것이다.

그렇다면 생명과 지구의 차이도 상대적인 면이 있을 것이다. 생명과 지구는 서로 대체할 수 없으며 둘 다 소중한 것이다. 지구가 없으면 생명이 탄생할 수 없다. 또한 생명이 없는 지구도 의미 없는 것이다. 지구상에 생명이 사라진다면 지구는 숱하게 존재하는 하나의 평범한 행성에 불과하다. 물론 생명 하나쯤 사라진다고 해도 다른 생명이 남아 있으니 괜찮다고 생각할 법하다. 하지만 사라지는 그 생명이 나 자신이라고 상상해보자. 그건 모든 생명이 사라지는 것과 같지 않을까. 나의 존재가 사라진다는 건 나에게는 모든 존재가 사라지는 것과 같은 것이다.

우리는 모든 것들을 상대화하면서 차이를 추출할 수 있다. 그렇게 되면 새로운 관점으로 사물을 바라볼 수 있게 된다. 보이지 않던 부분이 보이기도 할 것이다. 똑같은 사건과 사물일지라도 그에 대해서 다양한 의견이 나올 수 있다는 건 어쩌면 당연한 일이다.

45

Q 심술꾸러기는 나쁜가?

::

A 아도르노의 <부정변증법>으로 풀다

다이치는 예전부터 심술꾸러기라는 소리를 들었다. 어제도 모두가 노벨상에 대해서 칭찬을 했는데 다이치는 노벨상 따위는 서양 중심의 사고가 반영되어 있으므로 별 의미가 있는 건 아니라고 비난했다. 다이치는 자신의 의견을 말한 것일 뿐이었다. 하지만 그런 식으로 심술을 부리듯 말하지 말라는 충고를 들었다. 다이치는 이 문제에 대해 다른 친한 친구에게 상담을 받기도 했는데 사람들에게 맞춰서 수긍하며 살아가는 게 무난할 것이라는 조언을 듣기도 했다. 확실히 상대방 의견을 잘 받아쳐주면 모든 일이 부드럽게 풀린다. 하지만 그게 좋은 것인가? 여러분은 어떻게 생각을 하는지?

나는 심술꾸러기라고 불린다. 어려서부터 그랬다. 누군가 A라고 하면 나는 필히 B라고 말했다. 모두가 B라고 하면 나는 C라고 한다. 나는 다른 사람과 똑같은 게 싫다. 물론 이런 태도에는 좋은 점도 나쁜 점도 있다. 좋은 점은 늘 처음의 관점에서 돌이켜보며 사고할 수 있다는 것이다. 그러면 다른 이가 보지 못하는 잘못된 점을 찾아낼 수도 있다. 나쁜 점은 역시 협조하는 게 부족하다는 것이다. 하지만 늘 타인에 억지로 맞춰 협조할 필요는 없지 않은가. 물론 모두가 힘을 모아야 할 때도 있다.

자연 재해나 위급 상황이 발생했을 경우에 그렇다. 그 때는 심술꾸러기의 모습을 버리고 집단의 구성원으로서 역할에 충실해야 할 것이다. 하지만 일본 사회의 경우 동조하라는 압력이 강하기 때문에 불필요하게 협조를 강요하는 경우가 많다. 그러니 나는 심술꾸러기가 되어보는 걸 추천하고 싶은데 그 근거로 참고할 사상은 독일의 철학자 테오도르 아도르노(1903~1969)의 〈부정변증법〉이다.

부정변증법은 이름 그대로 근대의 위대한 철학자 헤겔의 변증법을 부정하는 것이다. 헤겔의 변증법은 모순을 안에 품고 있는 정(正), 그 모순이 드러나는 반(反), 모순과 맞부딪침으로 해결을 얻는 합(合)이라는 전개를 통해 논리의 모순을 뛰어넘으려 하는 것인데 부정변증법은 이를 거부했다. 실제로 부정변증법의 축이 되는 것은 '비동일적인 것'이라는 개념이다. 간단히 말하면 '차이'를 의미한다.

아도르노는 철학적 사고를 통해 '비판적 자기반성'을 하여 동일적인 것에서 비동일적인 것으로 전환하고자 했다. 그에 따르면 변증법이 전제하는 인식과 사고라는 것은 눈앞의 대상과 머릿속으로 그린 개념을 동일화하는 것을 의미한다. 하지만 사고를 동일화하는 건 위험하다. 만일 동일화한다면 서로 이질적이고 다양한 것을 상황에 맞게 변형하여 개념에 강제성을 부여할 뿐인데 이는 폭력과 다름없는 것이기 때문이다.

물론 사고한다는 것은 눈앞의 대상과 언어의 개념을 일치시키지 않으면 성립할 수 없는 것 또한 사실이기도 하다. 하지만 여기서 주목하고자 하는 것은 폭력을 동반하지 않는 동일화라는 것이다. 이를 위해서 '동일적인 것'이 아니라 '비동일적인 것'을 목적으로 해야 한다. 왜냐하면 동일화라는 것은 하나로 억누르는 것이기 때문이다.

하지만 문제가 있다. 만일 비동일적인 것을 목적으로 선언하게 된다면 비동일적인 것마저 동일적인 방식으로 주창될 위험이 있는 것이다. 그렇기에 비동일적인 것은 잠재 상태에서 지향할 필요가 있다. 심술꾸러기도 이와 비슷하다. 아무리 개성이 중요하다고 해도 개성을 강요한다면 본말이 전도될 수 있다. 개성이나 융합 중 어디에 치중하며 살 것인가는 개인의 자유이기 때문이다.

심술꾸러기는 사실 알고 보면 무조건 반대만 하는 사람이 아니라 사물에 대해 다른 시각을 갖고 있는 사람이라고 생각한다. 그런 의미에서 아도르노가 역설하는 부정변증법을 현실에 적용할 수 있는 사람은 심술꾸러기에 더 가까울 것이다. 조금 과장해서 말하면 심술꾸러기는 동일화의 압력에 굴하지 않으며 용기를 갖고 세상을 다른 시각으로 바라보는 사람인 것이다. 철학은 사물을 의심하면서 시작하는 학문이다. 철학하는 사람에게는 심술꾸러기의 성향도 필요하지 않을까 생각해본다.

46

Q 왜 자연을 보호할 필요가 있는가?

: :

A 셸링의 <자연>으로 풀다

아키코는 자연 보호에 관심이 있다. 그래서 봉사활동도 하고 있다. 하지만 친구인 쿠니오가 "자연 보호 활동을 하는 이유는 뭐야?"라고 물으면 대답하기 난감하다. 자연 보호를 하는 건 너무나 당연한 것이기 때문에 말문이 막히는 것이다. 그런데 왜 자연을 보호해야 하는 것일까? 후손을 위해서? 아니면……?

내가 최초로 환경 운동에 관심을 기울이게 된 것은 레이첼 카슨의 명저 『침묵의 봄』을 읽은 후였다. 이 책은 화학물질의 위험성을 제기하여 세계 환경 운동의 붐을 일으킨 계기가 되었던 책이다. 자연을 보호하지 않으면 결국 우리 모두가 피해자가 된다는 내용이다. 자연 보호란 남의 일이 아니라 우리의 문제인 것이다.

이에 대해 독일의 철학자 프리드리히 셸링(1775~1854)의 〈자연〉 개념을 참고해보자. 먼저 자연이란 무엇인지 명확히 할 필요가 있다. 자연이라고 하면 우리는 보통 산과 바다를 떠올릴 것이다. 그리고 자연 현상이 위대한 힘을 가지고 있음을 깨달을 때가 많다. 이 점에 착안하여 자연을 철학의 대상으로까지 바라본 사람이 셸링인 것이다.

조숙한 천재로 평가받았던 셸링은 20대 중반에 대학교수가 되었고 새로운 사유를 전개해나갔다. 그리하여 칸트부터 헤겔에 이르기까지 정점을 찍은 독일 관념론의 한 축을 담당하게 되었다. 셸링은 독일 관념론 중 피히테 철학을 비판적으로 계승한 인물로 평가받는다. 셸링은 자아가 세상 모든 것을 포함하고 있다는 피히테의 이론을 비판하며 중요한 건 자아가 아니라 〈자연〉이라고 주장했다.

이 경우 〈자연〉은 통상적으로 의미하는 역학적인 자연이 아니라 유기적인 힘을 지닌 존재가 된다. 당시 과학

분야에서는 유기체에 관한 연구가 활발했기에 셸링 역시 그 영향을 받았다고 할 수 있을 것이다. 또한 셸링은 유기체를 크나큰 소용돌이에 비유했다. 거대한 소용돌이가 사물을 흡수하여 새로운 형태로 변화시킨다는 것이다.

이 소용돌이가 만들어내는 사물의 힘을 그는 '포텐츠(Potenz)'라고 칭했다. 포텐츠는 독일어로 힘을 뜻하지만 셸링은 이를 자기 조직화하는 힘으로 전용했다. 포텐츠로부터 물질, 유기체, 정신 등 다양한 존재가 탄생하는 것이다. 셸링은 그 이론을 토대로 자연철학이라는 학문 분야를 구축했다.

그에 따르면 자연은 인간 바깥에 있는 것이 아니라 오히려 인간이 살아가는 힘을 제공하는 원류와 같은 것이다. 인간은 자연에서 태어나며 자연의 일부로 존재한다는 뜻이다. 그러므로 자연 보호는 나의 신체를 보호하는 일처럼 당연한 것이다. 우리는 자연의 혜택을 체내에 흡수하며 살아가고 있다. 우리가 자연과 한 몸이라는 말도 과장된 건 아닐 테다. 자연의 건강은 내 건강과도 같다. 이를 항상 곱씹으며 생활한다면 자연을 대하는 태도도 180도 달라지지 않을까 생각한다.

47

Q 다수결이 최선인가?

::

A 하버마스의 <커뮤니케이션적 행위>로 풀다

회사에서 경조사비를 걷는다고 한다. 에리카는 이에 불만이 있지만 자신만 반대할 뿐 대다수의 동료들은 찬성하기 때문에 어쩔 도리가 없다. 경조사비 문제는 며칠 전 회사 사람들의 투표로 결정되었다. 다수결을 통해 경조사비를 걷기로 결정한 것이다. 에리카는 다수결로 모든 게 결정되는 상황에 불만이 많다. 에리카에게 무슨 말을 해줘야 할까.

일본인들은 다수결을 싫어한다. 태도를 명확하게 표하는 걸 그리 좋아하지 않기 때문이다. 이 때문에 어물쩍 결정해버린다거나 결론을 내리지 않는 상태로 일을 진행하는 경우가 많다. 권위 있는 사람에게 판단을 의뢰하는 일도 있다. 하지만 이렇게 결정하는 건 좋지 않은 것 같다. 의사를 확실히 하지 않으면 누구의 책임인지, 누구의 성과인지, 그리고 일의 과정과 결과도 애매모호해지기 때문이다. 또한 권위에 의존할 때에는 혹여나 납득할 수 없는 결정을 받아도 이를 거절할 명분이 없기에 난감해질 수 있다. 그렇기 때문에 명확한 과정과 의사 표시에 따라 결과 역시 이루어져야 한다. 이것이 민주주의의 작법(作法)이라고 생각한다.

결정을 내리기 전까지 충분한 검토 과정이 필요하다. 다수결은 그 검토 과정이다. 이 부분을 좀 더 심도 있게 논의하기 위해 독일의 철학자 위르겐 하버마스(1929~)의 〈커뮤니케이션적 행위〉라는 개념을 가져오자. 커뮤니케이션적 행위는 상대를 설득하기 위해서 열려 있는 태도로, 함께 무언가를 도출해내려는, 바람직한 대화 행위다.

하버마스는 상대를 설득하고자 목적 달성의 수단으로 삼는 이성을 '도구적 이성'이라고 했다. 반대로 상대를 존중하며 함께 합의하는 것을 목적으로 하는 이성을 '커뮤니케이션적 이성'이라고 부르며 구분했다. 의논을 할 때 상대의 입장을 존중하지 않으면 커뮤니케이션은 성립하지 않는다. 커뮤니케이션 이성을 기반으로 하는 대화는 명령이나 속임수를 통해 의사 결정에 영향을 미치는 행위와는 다른 것이다. 상대가 납득하므로 승인을 얻는 대화다. 하버마스는 이를 위해 3가지 원칙이 필요하다고 했다.

① 참가자는 같은 자연 언어를 사용할 것
② 참가자는 진실이라고 믿는 사실만을 서술할 것
③ 모든 당사자가 대등한 위치에서 참가할 것

하버마스의 커뮤니케이션적 행위가 훌륭한 이유는 대화자들이 서로 인정한 공통의 관심사에 대해 대등한 위치에서 토의를 거치며 그 과정에서 판단과 견해가 변화해나가기 때문이다. 의논이 진행되면서 서로의 생각이 바뀔 수 있는 가능성은 열려 있다. 이렇게 열려 있는 논의야 말로 정말 중요하다.

그러면 다수결에 대해서는 어떻게 생각해야 할까? 하버마스도 충분한 논의를 전제로 하는 다수결은 필요하다고 인정하고 있다. 시간은 유한하며 상황에 따라서는 기한 내에 결론을 내야만 하는 일도 있기 때문이다. 하지만 그건 잠정적 결론일 것이다. 다시 논의될 기회가 있고 또 필요하다고 인정되면 다시 대화를 이어나가야 한다. 이를 통해 또 다른 결론에 도달해야 하는 것이다.

이처럼 충분히 논의를 한다고 전제하면 결론을 내리는 방식으로서 다수결은 최선의 방법이 될 수 있을 것이다. 하지만 충분한 논의 없이 결정이 강요되는 경우를 왕왕 본다. 정계나 학계 심지어 집안에서도 이런 일은 일어난다. 다수결이 옳은 방식으로 잘 이루어지지 않는 조직은 전체주의에 빠질 가능성이 클 것이다.

48

Q 왜 워크 앤 라이프 밸런스가 필요한가?

: :

A 한나 아렌트의 <행위(Action)>로 풀다

노부오는 매일 밤늦게까지 근무한다. 주말에도 거의 출근하다시피 한다. 아내와 아이들로부터는 핀잔을 듣지만 회사 분위기상 어쩔 도리가 없다. 가족 행사에 참여하기는커녕 가족들과 제대로 대화를 나누기도 힘들다. 노부오의 생활은 괜찮은 것인가?

워크 앤 라이프 밸런스(Work and Life Balance)란 말 그대로 일과 생활에서 균형을 유지하는 것을 말한다. 정부에서 적극적으로 장려하고 있으나 좀처럼 실생활에서 널리 자리 잡지는 못하고 있다. 특히 남성들은 일을 최우선으로 두는 경우가 많으며 가족들도 어느 정도 이해하고 있는 형편이다. 오히려 아빠가 집에서 가만히 쉬고 있는 것보다 매일같이 직장으로 가서 일하는 것을 당연하게 여긴다.

하지만 사실 그러면 안 된다. 사람은 회사를 위해서만 살고 있는 게 아니다. 가족이 있는 경우는 더욱 더 그러한데 회사 밖에서 지낼 시간이 더 필요한 것이다. 가족과 함께 보낼 수 있는 시간이 보장되어야 한다. 서구의 선진국들은 이를 당연한 의무로 인식하고 있다. 당장이라도 우리나라로 들여와 적용하고 싶다.

하지만 회사 밖의 시간을 오직 가정에만 할애하는 게 능사는 아닐 것이다. 여러 집단에서 활동을 하는 것도 중요하다. 독일 태생의 미국 철학자 한나 아렌트(1906~1975)의 〈행위〉라는 개념을 살펴보자. 아렌트는 살면서 하는 활동을 노동(Labor), 작업(Work), 행위(Action)로 구분했다.

'노동'은 인간 신체의 생물학적 과정에 상응하는 활동이다. 신체를 유지하며 살아가기 위해 필요한 것을 만들어내는 활동인 것이다. 반면에 '작업'은 인간 실존의 비자연적인 것에 상응하는 활동이다. 자신의 재능을 발휘하여 일의 재미와 명예를 바라며 수행하는 제작 활동이 이에 해당한다. 아렌트는 한 걸음 더 나아가 '행위'의 의의에 대해서도 논했는데, 행위는 공동체 속에서 어떤 대의를 위해 하는 행동이며 인간의 관계망 속에서 이루어진다.

아렌트에 따르면 인간은 정치적 동물이다. 공동체 내에서 의논을 거치고 의사를 결정하며 실행하는 존재다. 이렇듯 행위는 인간들에게 필수불가결한 요소이며 움직임인 것이다. 따라서 행위를 취하지 못하는 인간은 인간답지 못한 삶을 살고 있다고 말해도 과언은 아니다.

나는 정부에서 지역사회 활동을 좀 더 장려할 필요가 있다고 생각한다. 일을 끝내고 빨리 귀가한다면 가정뿐 아니라 지역사회에도 공헌을 할 수 있다. 깨어 있는 활동이야말로 가정과 지역을 넘어 국가 전체의 정치에도 영향을 미칠 수 있다. 투표하는 것만이 정치 참여를 의미하지 않는다. 지역에서 활동하는 것 자체가 정치 활동인 것이다. 이를 통해 나의 문제가 지역이나 국가의 제도와 법률과 직결되어 있다는 사실을 깨달을 수 있는 것이다.

직접 활동을 하지 않고는 잘 모른다. 일과 가족, 지역활동이라는 세 요소가 갖춰져야 비로소 진정한 의미의 워크 앤 라이프 밸런스를 이뤘다고 말할 수 있다. 삶에는 사적인 활동 말고도 공적인 활동이 포함되어야 한다.

49

Q 인간은 왜 살아가려고 하는가?

::

A 블로흐의 <희망>으로 풀다

신이치한테 요즘 좋지 않은 일들이 연달아 일어났다. 그래서 생활에 활력이 없다. 사는 어려움을 실감하고 있는 상황이다. 그러던 어느 날 자연재해로 입은 피해를 극복하기 위해 애쓰는 이재민들의 모습을 뉴스로 접했다. 신이치는 "어째서 사람들은 절망의 나락에 떨어져도 극복하고 벗어나려 애쓰는 것일까?" 하는 생각이 들었다. 고통인 삶 속에서 대체 인간은 왜 계속 살아가려고 하는 걸까?

2011년 3월 동일본을 강타한 대지진은 일본인에게 너무 많은 질문을 던져주었다. 자연의 의미와 원자력 발전의 의미, 그리고 정치의 의미 등을. 그 중에서 내가 가장 주목하고 싶은 건 산다는 것의 의미다. 거대한 쓰나미로 인해 많은 사람들이 한순간에 희생되었다. 자연은 공포 그 자체라고 느껴졌다. 하지만 우린 이 자연 속에서 살아가야만 하는 것도 현실이다.

무엇보다 마음이 아프다. 사랑하는 사람을 잃어버린 이들의 마음을 헤아릴 길 없다. 가족과 연인, 친구를 잃어버린 슬픔은 얼마나 고통스러울 것인가. 만약 내 가족이었다면. 상상만으로도 가슴이 미어진다. 이런 와중에 생존한 사람들은 왜 자신만 살아남고 다른 사람들은 죽어야 했는지 의문에 둘러싸여 살아간다. 살아남은 자의 죄책감이라고도 할 수 있는데 이로 인해 스스로 더 괴로워지는 것이다. 하지만 인간은 살아가지 않으면 안 된다. 하지만 무엇 때문에? 왜 살아가야만 하는가? 이 무거운 질문에 답을 구하려 참고할 수 있는 개념은 독일의 철학자 에른스트 블로흐(1885~1977)의 〈희망〉이다.

블로흐는 대표적인 저작인 『희망의 원리』에서 "희망이란 아직 아닌 존재"라고 말한다. 인간의 내면에는 과거에 의식하지 못했던 것과 미래에도 의식하지 못할 것이 함께 있다는 것이다. 그것들은 예감이나 공상, 꿈의 형태로 의식 속으로 들어와 희망을 형상하는 것이다. 블로흐는 희망을 버리지 않고 붙잡고 있는 게 중요하다고 주장한다. 하지만 문제는 그 희망이 아무리 확고하다 하더라도 필히 배신을 한다는 것이다. 유토피아적인, 가닿을 수 없는 소망은 늘 남아 있기 때문이다. 즉, 이상을 실현한 뒤에도 반드시 불만은 생기기 마련이다. 입학시험이나 자격시험에 합격하면 행복할 것 같았으나 막상 합격한 뒤에는 어딘지 공허하고 만족스럽지 않은 것처럼.

이에 대해 블로흐는 다음과 같이 설명한다. 이상을 추구한다는 것은 멀리 바라보는 것이지 가까운 발아래를 보는 것이 아니다. 하지만 목표를 달성하면 가까운 발아래를 바라보는 것이다. 그때 그 현실과 또 다시 바라는 것 사이에 틈이 발생하는 것이다. 그리고 만족하지 못한다. 무언가를 충족하더라도 희망은 실현되지 않은 채 남아 있는 것이다. 하지만 희망은 언제나 불만족을 남겨두는 탓에 역으로 새로운 희망을 계속 불러일으킬 수 있다. 블로흐는 "희망은 역사의 추진력"이라고 말했다. 희망이 있기에 사회는 발전하고 역사는 앞으로 전진한다. 우리가 희망을 지녀야 하는 까닭도 여기에 있다.

블로흐는 나치가 유럽을 점령하기 시작한 1938년에 미국으로 망명하여 『희망의 원리』를 집필했다. 이 책의 첫머리에는 "나는 공허에서 시작한다"라는 인상적인 글귀가 있는데 이는 그가 처음 겪는 대도시에서 빈손으로 시작해 아르바이트를 하며 생활에 임하는 모습을 나타내는 것일 테다. 그 또한 그곳에서 희망을 찾고 있었을 것이다.

대지진을 비롯한 모든 재해는 우리를 빈손으로 되돌려 놓는다. 전쟁도 그러하다. 하지만 우리는 이를 극복하고 한 걸음씩 앞으로 전진하고 있지 않나. 상실은 희망의 시작일 수도 있다. 이 생각을 품고 살지 않는다면 앞으로 나아가는 건 불가능할 수도 있다. 결국 인간이 살아간다는 것은 희망을 바라보며 나아가는 것이라고 말할 수 있다.

맺음말

철학의 미래

본문의 문제를 풀어보며 어떤 생각이 들었는지? 이제까지 철학은 다가서기 어렵고 생활과는 거리가 먼 학문이라고 생각하지는 않았는가? 당연히 그랬을 것이다. 철학을 일상의 사소한 질문에 연결 지어 생각해보지는 않았을 것이다. 하지만 우리는 이 책을 통해 철학으로 문제에 생각하고 답하는 재밌는 작업을 해봤다.

소크라테스 이후에 수많은 철학적 문제들이 있었고 지금도 새롭고 어려운 문제가 발생하고 있는데 그때마다 철학은 과감히 도전해왔다. 그리고 철학은 진화해왔다. 고대 그리스철학, 중세철학, 근대철학, 현대사상…… 등의 형태로.

철학은 사물의 본질을 탐구하는 학문이다. 따라서 사물의 진화와 함께 이를 분석하는 철학적 개념 또한 변할 수밖에 없었다. 철학도 진화해온 것이다. 이를테면 자유를 둘러싸고도 그랬다. 고대 그리스에서 자유란 자유 시민에게만 주어지는 권리를 의미했으므로 노예에게는 자유가 없었다. 그래서 노예를 배제하고서 자유의 의미를 논했다. 하지만 근대에 들어서는 누구에게나 자유가 있다는 전제하에 자유를 사유했다. 자유란 타인에게 위해를 가하지 않는 한 무엇이든 해도 좋다는 의미로 진화한 것이다. 이는 고전적 자유주의라고 불리며 지금도 자유의 의미는 이런 식으로 받아들여지는 경우가 많다. 하지만 현대에 이르러서는 사회가 복잡해지고 타인과 자주 부딪치면서 서로 도우지 않으면 안 되었다. 그래서 자유의 의미는 서로 협력해야 한다는 뜻으로 진화하는 중이다.

이렇듯 사회의 변화에 따라 철학도 지속적으로 변해왔다. 앞으로도 사회가 변할 것이므로 철학 역시 이에 따라 변화할 것이다. 미래에 어떤 새로운 문제가 발생할지 알 수는 없으나 철학은 이에 고민하고 대응하며 지혜를 모을 것이다. 한 가지 유념해야 할 것은 철학적 개념이 시대에 따라 변해왔다고 해도 이전에 축적된 사고를 기반으로 한다는 점이다.

새로운 문제에 직면하여 기존의 철학적 개념으로 대응할 수 없다면 새로운 개념이 필요할 것이다. 그때에는 과거의 것을 무작정 버리지 말고 축적된 개념을 되돌아봐야 한다. 새로운 개념은 과거의 것들을 기틀 삼아 이루어졌으며 철학의 진화나 과정 역시 이에 따른 것이다. 철학사를 배우는 이유가 여기에 있다. 철학의 미래는 과거의 철학 속에서 싹트는 법이다.

2015년 3월 오가와 히토시(小川仁志)

참고문헌

- ベルクソン, 中村文郎譯
  <時間と自由> (岩波書店 2001年)
- ヘ-ゲル, 長谷川宏譯
  <精神現象學> (作品社 1998年)
- プラトン, 久保勉譯
  <ソクラテスの辨明 クリトン> (岩波書店 1964年)
- カント, 波多野精一/宮本和吉ほか譯
  <實踐理性批判> (岩波書店 1979年)
- ベンヤミン, 佐佐木基一編集解說
  <複製技術時代の藝術> (晶文社 1999年)
- プラトン, 中澤務譯
  <饗宴> (光文社 2013年)
- メルロ=ポンティ, 中島盛夫譯
  <知覺の現象學> (法政大學出版局 1982年)
- パスカル, 前田陽一/由木康譯
  <パンセ> (中央公論新社 1973年)
- ライプニッツ, 清水富雄ほか譯
  <モナドロジ- 形而上學叙說> (中央公論新社 2005年)
- デリダ, 足立和浩譯
  <根源の彼方に グラマトロジ-について>全二巻 (現代思潮新社 1972年)
- レヴィ=ストロ-ス, 大橋保夫譯
  <野生の思考> (みすず書房 1976年)
- アリストテレス, 高田三郎譯
  <ニコマコス倫理學>全二巻 (岩波書店 1971~1973年)
- ホッブズ, 水田洋譯
  <リヴァイアサン>全四巻 (岩波書店 1982~1985年)
- ミル, 齊藤悅則譯
  <自由論> (光文社 2012年)

- シンガ-, 兒玉聰/石川涼子譯
<あなたが救える命-世界の貧困を終わらせるために今すぐできること>
(勁草書房 2014年)

- デカルト, 谷川多佳子譯
<方法序說> (岩波書店 1997年)

- ベ-コン, 桂壽一譯
<ノヴム オルガヌム-新機關> (岩波書店 1978年)

- 和辻哲郎
<風土-人間學的考察> (岩波書店 1979年)

- ソシュ-ル, 小林英夫譯
<一般言語學講義> (岩波書店 1972年)

- ノ-ジック, 島津格譯
<アナ-キ- 國家 ユ-トピア 國家の正當性とその限界> (木鐸社 1995年)

- サンデル, 鬼澤忍譯
<これからの正義の話をしよう-いまを生き延びるための哲學>
(早川書房 2010年)

- ネグリ/ハ -ト, 水島一憲ほか譯
<帝國グロ-バル化の世界秩序とマルチ

- チュ-ドの可能性> (以文社 2003年)

- スピノザ, 昌中尚志譯
<エチカ-倫理學>全二巻 (岩波書店 1951年)

- ロック, 大槻春彦譯
<人間知性論>全四巻 (岩波書店 1972~1977年)

- 西田幾多郎
<善の研究> (岩波書店 1979年)

- ルソ-, 桑原武夫/前川貞次郎譯
<社曾契約論> (岩波書店 1954年)

- フロイト, 高橋義孝/下坂幸三譯

<精神分析入門>全二巻 (新潮社 1977年)

- バタイユ, 西谷修譯
<非-知-閉じざる思考> (平凡社 1999年)

- ウィトゲンシュタイン, 黑崎宏譯
<哲學的探求 讀解> (産業圖書 1997年)

- ハイデガ-, 熊野純彦譯
<存在と時間>全四巻 (岩波書店 2013年)

- フ-コ-, 田村俶譯
<監獄の誕生-監視と處罰> (新潮社 1977年)

- ショ-ペンハウア-, 西尾幹二譯
<意志と表象としての世界>全三巻 (中央公論新社 2004年)

- フッサ-ル, 立松弘孝ほか譯
<イデ-ン 純粋現象學と現象學的哲學のための諸構想>全三巻五冊
(みすず書房 1979~2010年)

- ドゥル-ズ, 宇野邦一ほか譯
<千のプラト- 資本主義と分裂症> (河出書房新社 1994年)

- セン, 右塚訝彦譯
<自由と經濟開發> (日本經濟新聞社 2000年)

- キルケゴ-ル, 淺井眞男譯
<キルケゴ-ル著作集一あれか,これか(第一部上)> (白水社 1995年)

- ニ-チェ, 永上英廣譯
<ツァラトゥストラはこう言った>全二巻 (岩波書店 1967~1970年)

- マルクス, 武田隆夫ほか譯
<經濟學批判> (岩波書店 1956年)

- ポッゲ, 立岩眞也譯
<なぜ遠くの貧しい人への義務があるのか-世界的貧困と人權>
(生活書院 2010年)
- サルトル, 伊吹武彦譯
<實存主義とは何か> (人文書院 1996年)

- レヴィナス, 熊野純彦譯
  <全體性と無限>全二巻 (岩波書店 2005~2006年)

- 九鬼周造,
  <偶然性の問題> (岩波書店 2012年)

- デュ-イ, 金丸弘幸譯
  <民主主義と教育> (玉川大學出版部 1984年)

- プラトン, 中澤務譯
  <プロタゴラス あるソフィストとの對話> (光文社 2010年)

- アドルノ, 木田元ほか譯
  <否定辨証法> (作品社 1996年)

- シェリング, 松山壽一編
  <シェリング著作集1b 自然哲學> (燈影舍 2009年)

- ハ-バ-マス, 河上倫逸ほか譯
  <コミュニケイション的行爲の理論>全三巻 (未來社 1985~1987年)

- ア-レント, 志水速雄譯
  <人間の條件> (筑摩書房 1994年)

- ブロッホ, 山下肇ほか譯
  <希望の原理>全六巻 (白水社 2012~2013年)

옮긴이 박진열

대학에서 일본문학을 전공했으며, 일본 도서의 수입과 판매를 경험하고, 대형 서점의 MD로 오랜 기간 종사했다. 현재는 양서의 외국 출판물을 국내에 소개하며 출간하는 일에 매진하고 있다.

철학의 사생활

초판 1쇄 발행 2017년 10월 20일
초판 2쇄 발행 2018년 8월 31일

지은이 | 오가와 히토시
옮긴이 | 박진열
펴낸이 | 박래풍

펴낸곳 | 라르고
등 록 | 2015년 10월 20일(제2015-44호)
주 소 | 서울시 광진구 자양동 598-23
전 화 | 02-395-2202
팩 스 | 02-395-2203
이메일 | park0197320@naver.com

ISBN 979-11-957274-2-1 03100

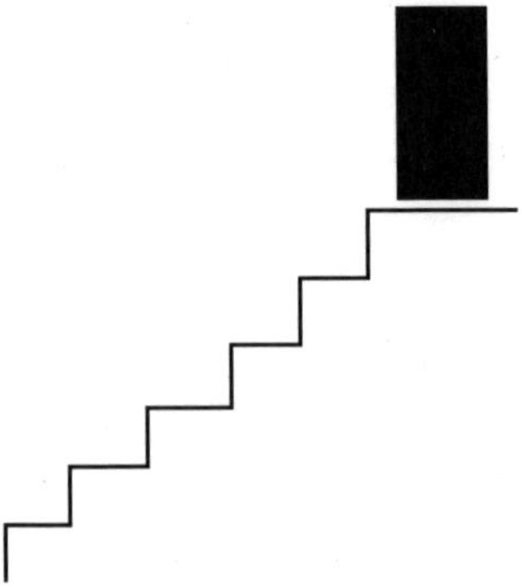